中国科协创新战略研究院智库成果系列丛书 文百系列

中国服务业创新发展评价实证与案例研究

邓大胜　陈诗波　徐　婕　等著

中国科学技术出版社

·北　京·

图书在版编目（CIP）数据

中国服务业创新发展评价实证与案例研究 / 邓大胜等著 . –– 北京：
中国科学技术出版社，2021.9

（中国科协创新战略研究院智库成果系列丛书 . 专著系列）

ISBN 978-7-5046-9099-9

Ⅰ. ①中⋯　Ⅱ. ①邓⋯　Ⅲ. ①服务业－经济发展－研究－中国
Ⅳ. ① F726.9

中国版本图书馆 CIP 数据核字（2021）第 135825 号

邓大胜　陈诗波　徐　婕　胡林元　刘晓娟　著

策划编辑	王晓义
责任编辑	王晓义
装帧设计	中文天地
责任校对	邓雪梅
责任印制	徐　飞

出　　版	中国科学技术出版社
发　　行	中国科学技术出版社有限公司发行部
地　　址	北京市海淀区中关村南大街 16 号
邮　　编	100081
发行电话	010-62173865
传　　真	010-62173081
网　　址	http://www.cspbooks.com.cn

开　　本	720mm×1000mm　1/16
字　　数	189 千字
印　　张	12.5
版　　次	2021 年 9 月第 1 版
印　　次	2021 年 9 月第 1 次印刷
印　　刷	北京虎彩文化传播有限公司
书　　号	ISBN 978-7-5046-9099-9 / F · 938
定　　价	59.00 元

中国科协创新战略研究院智库成果系列丛书编委会

《中国服务业创新发展评价实证与案例研究》课题组

总　　序

2013 年 4 月，习近平总书记首次提出建设"中国特色新型智库"的指示。2015 年 1 月，中共中央办公厅、国务院办公厅印发了《关于加强中国特色新型智库建设的意见》，成为中国智库的第一份发展纲领。党的十九大报告更加明确指出要"加强中国特色新型智库建设"，进一步为新时代我国决策咨询工作指明了方向和目标。当今世界正面临百年未有之大变局，我国正处于并将长期处于复杂、激烈和深度的国际竞争环境之中，这都对建设国家高端智库并提供高质量咨询报告，支撑党和国家科学决策提出了新的更高的要求。

建设高水平科技创新智库，强化对全社会提供公共战略信息产品的能力，为党和国家科学决策提供支撑，是推进国家创新治理体系和治理能力现代化的迫切需要，也是科协组织服务国家发展的重要战略任务。中共中央办公厅、国务院办公厅印发的《关于加强中国特色新型智库建设的意见》，要求中国科协在国家科技战略、规划、布局、政策等方面发挥支撑作用，努力成为创新引领、国家倚重、社会信任、国际知名的高端科技智库，明确了科协组织在中国特色新型智库建设中的战略定位和发展目标，为中国科协建设高水平科技创新智库指明了发展目标和任务。

科协系统智库相较于其他智库具有自身的特点和优势。其一，科协智库能够充分依托系统的组织优势。科协组织涵盖了全国学会、地方科学技术协会、学会及基层组织，网络体系纵横交错、覆盖面广，这是科协智库建设所特有的组织优势，有利于开展全国性的、跨领域的调查、咨询、评估工作。其二，科协智库拥有广泛的专业人才优势。中国科协业务上管理 210 多个全国学会，涉及理科、工科、农科、医科和交叉学科的专业性学会、协会和研究会，覆盖绝大部分自然科学、工程技术领域和部分综合交叉学科及相应领域的人才，在开展相关研究时可以快速精准地调动相关专业人才参与，有效支撑决策。其三，科协智库具有独立第三方的独特优势。作为中国科技工作者的群团组织，科协不是政府行政部门，也不受政府部门的行政制约，能够充分发挥自身联系广泛、地位超脱的特点，可以动员组织全国各行业各领域广大科技工作者，紧紧围绕党和政府中心工作，深入调查研究，不受干扰独立开展客观评估和建言献策。

中国科协创新战略研究院（以下简称"创新院"）是中国科协专门从事综合性政策分析、调查统计以及科技咨询的研究机构，是中国科协智库建设的核心载体，始终把重大战略问题、改革发展稳定中的热点问题、关系科技工作者切身利益的问题等党和国家所关注的重大问题作为选题的主要方向，重点聚焦科技人才、科技创新、科学文化等领域开展相关研究，切实推出了一系列特色鲜明、国内一流的智库成果，其中完成《国家科技中长期发展规划纲要》评估，开展"双创"和"全创改"政策研究，服务中国科协"科创中国"行动，有力支撑科技强国建设；实施老科学家学术成长资料采集工程，深刻剖析科学文化，研判我国学术环境发展状况，有效引导科技界形成良好生态；调查反映科技工作者状况诉求，摸清我国科技人才分布结构，探索科技人才成长规律，为促进人才发展政策的制定提供依据。

为了提升创新院智库研究的决策影响力、学术影响力、社会影响力，经学术委员会推荐，我们每年遴选一部分优秀成果出版，以期对党和国家决策及社会舆论、学术研究产生积极影响。

呈现在读者面前的这套《中国科协创新战略研究院智库成果系列丛书》，是创新院近年来充分发挥人才智力和科研网络优势所形成的有影响力的系列研究成果，也是中国科协高水平科技创新智库建设所推出的重要品牌之一，既包括对决策咨询的理论性构建、对典型案例的实证性分析，也包括对决策咨询的方法性探索，既包括对国际大势的研判、对国家政策布局的分析，也包括对科协系统自身的思考，涵盖创新创业、科技人才、科技社团、科学文化、调查统计等多个维度，充分体现了创新院在支撑党和政府科学决策过程中的努力和成绩。

衷心希望本系列丛书能够对科协组织更好地发挥党和政府与广大科技工作者的桥梁纽带作用，真正实现为科技工作者服务、为创新驱动发展服务、为提高全民科学素质服务、为党和政府科学决策服务，有所启示。

前　言

当前，服务业创新发展已成为我国产业结构升级的关键所在、发展方式转变的核心支撑、发展动能转换的重要路径。经过多年发展，我国服务业已站在新的历史起点上，正处于提质增效的重要机遇期。总体上看，我国服务业的服务内容、业态和商业模式创新层出不穷，网络化、智慧化、平台化和产业融合发展态势明显，但整体发展水平还不高，服务供给创新没能跟上需求升级步伐，知识密集型服务业发展明显滞后，服务业整体上处于国际分工中的低端环节，服务贸易逆差规模较大。这里面有发展阶段的客观原因，但更重要的是因为理念转变相对滞后，体制机制束缚较多，统一开放、公平竞争的市场环境尚不完善，迫切需要加快转变理念和思路，着力推动服务业创新发展。

在此背景下，中国科协创新战略研究院开展我国服务业创新发展实证与案例研究，对我国服务业创新发展水平开展了监测与评价，并对世界典型国家及我国服务业创新发展的经验做法进行归纳总结，旨在准确把握我国服务业创新发展趋势、存在的共性问题及区域和行业服务业创新发展的优势、短板，合理测度我国服务业创新发展的国际水平、区域差异及行业水平，以期对我国服务业创新发展的未来方向做出合理判断，引导我国服务业的高质量发展，为下一步完善我国服务业创新发展整体运行监测方法，加快提升服务业运行监测水平提供有益借鉴，同时也为政府更好推动服务业跨越式发展提供决策支撑。

从服务业创新研究现状看，传统的创新理论和评价指标主要来源于制造业，而制造业创新与服务业差异明显。服务业创新发展领域缺乏系统规范的实证研究与动态监测，从而使理论研究缺乏实证依据。本书从服务业创新发展理论出发，在文献梳理的基础上，分别从国际、国内不同区域、服务业细分行业 3 个方面研究构建起科学合理、测算准确、评价有效的服务业创新发展评价指标体系，对创新发展统计数据进行了测算，并对数据进行多维度、体系化分析。相较于以往的服务业发展评价指标体系，本研究所构建的指标体系，在考虑服务业发展指标的同时，更加突出服务业创新和融合的特征，注重创新投入及创新产出指标的质量。同时，坚持理论与实际相结合，在实证评价的基础上赴全国多地区开展服务业创新案例实地调研，总结各地创新发展经验与模式，弥补现阶段服务业创新发展评价方面的缺失，实现理论分析与实证研究的统一，增强研究的科学性和可靠性。

本课题研究和成果形成过程中，得到了产业发展、科技政策等领域有关专家、学者的指导和帮助，在此致以诚挚的谢意。本书数据主要来源于国内外权威数据库及统计年鉴，受统计口径差异、数据获取困难等因素限制，评价指标体系还不够完善，在指标实效性、国际比较、细分领域分析等方面还存在很多不足。我们诚挚地欢迎广大读者提出宝贵建议，课题组将持续改进研究设计，在后续研究中更加全面、准确、客观地反映中国服务业创新发展现状及世界服务业创新格局的发展变化。

目 录
CONTENTS

研究概况

随着新一轮科技革命的持续推进，实体经济各个领域的数字化、网络化、智能化发展成为第四次工业革命的核心内容。当前，服务内容、业态和商业模式创新正在加速推动服务网络化、智慧化、平台化，个性化、体验式、互动式等服务消费蓬勃兴起。2019 年，全球服务业、工业、农业数字经济渗透率分别为 39.4%、23.5% 和 7.5%[①]，而我国的这 3 个指标分别为 37.8%、19.5% 和 8.2%。同时，国际形势发生深刻、复杂的变化，贸易保护主义、单边主义盛行，地缘政治风险上升，对我国经济发展战略和传统产业安全等带来深远影响和巨大冲击。面对百年之未有大变局，服务业也需要加快构建"双循环"新发展格局，通过创新驱动集聚全球先进生产要素及推进国内要素升级，推动知识密集型服务业向专业化和价值链高端延伸，推动各类市场主体参与服务供给，加速与先进制造业、现代农业深度融合，推动生活性服务业向高品质和多样化升级，引导服务业创新发展，为中国经济发展提质增效、培育新动能提供支撑，力促产业和消费"双升级"。

本书在深入分析当前服务业创新发展的形势背景与理论逻辑的基础上，通过对国内外服务业创新发展现状的定量分析，分别构建了国际、国内和行业的评价指标体系，比较分析了主要国家或地区、国内不同区域和行业等的服务业创新发展能力，剖析了主要国家或地区及我国服务业创新发展的经验与做法，

[①] 中国信息通信研究院. 全球数字经济新图景（2020）年：大变局下的可持续发展新功能［R］. 北京. 2020.

最后提出针对我国服务业创新发展的对策建议。

第一章主要介绍服务业创新发展的研究背景与理论逻辑。第一，通过梳理服务业概念、服务业创新发展概念、模式、影响因素及提升路径等相关的国内外文献，并结合中国政府的《服务业创新发展大纲（2017—2025年）》中对服务业创新发展目标的描述，界定服务业创新发展概念的内涵，为构建服务业创新发展评价指标体系奠定理论基础。第二，介绍了服务业创新发展的国内外形势。研究认为，服务业创新发展的内涵包括：具有统一开放、公平竞争、创新激励的市场环境，具有持续扩大的有效供给能力，具有较强的知识创造和产出能力，具备较高的国际化发展水平，以及具有较好的经济基础和旺盛的产业需求。

第二章分别从国际、国内不同区域[①]和服务业细分行业3个方面对服务业创新发展的基本现状进行定量描述分析。研究发现，党的十八大以来，我国服务业发展取得显著成效，服务业产业规模逐步扩大，新旧动能加快转变，新兴服务业发展迅速，消费升级趋势明显。但仍要看到，我国服务业创新投入仍然较少，服务业从业人员素质相对偏低，公共平台建设滞后，服务业劳动生产率仍然低于同时期制造业劳动生产率。从服务业发展的区域对比来看，不同区域发展差异明显，东部地区创新较为活跃，东北部、西部地区与其他地区企业创新的活跃程度存在明显差距。从服务业创新发展的国际比较来看，我国服务业创新发展的竞争力较弱，服务业整体上处于国际分工中低端环节。我国服务业产业规模较高，但总体发展还处于较低层次，无论是人才储备、研发经费投入还是劳动生产率、贸易竞争力等服务业指标均排在靠后的位置。

第三章提出了服务业创新发展评价依据、评价维度、指标体系构建思路及方法。对40个国家、我国29个省份[②]、服务业各细分行业创新发展能力进行评价，应用因子分析法及全局熵值法对服务业创新发展进行评价。

第四章运用实证分析方法进行服务业创新发展能力国际比较。从服务业创新发展综合指数得分来看，我国排名第26位。在对比的国家中，欧洲、北美

---

① 暂缺中国香港、澳门和台湾数据。

② 暂缺新疆维吾尔自治区、西藏自治区及中国香港、澳门和台湾数据。

洲国家服务业创新发展综合水平高于新兴经济体国家，亚洲国家中我国服务业创新综合水平仅高于印度。从服务业创新投入来看，我国排在第 23 位。一方面，我国在服务业领域研发投入不足；另一方面，从我国实践来看，随着我国产业迈向中高端，以及人民群众多样化、多层次的服务需求不断增长，服务领域复合型、专业化人才的缺口持续扩大，中高端服务业人才仍然供给不足。从服务业创新绩效来看，我国排名第 29 位，与发达国家相比，我国知识密集型服务业对经济的引领作用还不够，生产性服务业发展相对滞后。第三方物流、互联网金融等新兴业态虽然发展速度较快，但依然存在成本过高、结构不完善等问题，极大影响了制造业的降本增效和第一、第二、第三产业融合发展。从创新环境来看，我国排在第 18 位。总体上来看，当前我国服务业营商环境还有待进一步优化和改善，应采取诸如切实简政放权、鼓励创新创业、优化投融资环境、完善城乡物流基础设施建设等措施，加快构建良好的服务业创新发展生态。

第五章对我国服务业创新发展能力区域比较进行实证分析。从各地区服务业创新发展综合能力来看，呈现出东部、中部、西部和东北部依次递减特征：东部地区要大幅领先于中西部地区，尤其是北京市、广东省、上海市、江苏省和浙江省引领发展的地位十分明显；中部地区要领先于西部地区和东北部地区。从服务业创新发展的基础来看，中部地区和西部地区虽然总体服务业创新能力要低于东部地区，但在创新基础等方面也具有一定的比较优势。从服务业创新投入得分来看，北京市、上海市、天津市、海南省、江苏省、湖北省、广东省、浙江省、重庆市、辽宁省排名前 10 位。我国东部地区在新兴服务业企业培育、服务业产业集聚度、服务业创新融资能力、服务业人力资本、服务业生产效率和利润及国际化等方面要大大领先于中西部和东北部地区。从创新绩效得分来看，广东省、江苏省、上海市、浙江省、北京市、山东省、福建省、天津市、湖南省和重庆市排名前 10 位。相对而言，市场化程度较高的广东省、江苏省、上海市和浙江省的排名较北京市更靠前。中部地区的湖南省、安徽省、四川省和湖北省等在服务业创新绩效方面取得长足进步，与东部地区差距正在逐步缩小。从区域层面来看，东部地区急需综合协调服务业创新基础投入，东北部、中部及西部地区则需进一步提升服务业创新投入和发展水平。

第六章通过测度服务业创新投入和服务业创新产出，建立服务业细分行业创新能力指标体系，对服务业的 11 个行业进行评价。从综合得分来看，2014—2017 年除住宿和餐饮业，教育，文化、体育和娱乐业外，其他行业创新发展综合评价得分均有不同程度的增加，但各行业差异较为明显。信息传输、软件和信息技术服务业、科学研究和技术服务业创新发展综合能力逐年提升明显。从行业创新投入评价得分上看，交通运输、仓储和邮政业，科学研究和技术服务业及信息传输、软件和信息技术服务业创新投入排名靠前，这也与我国目前知识密集型服务业快速发展趋势相吻合。从创新产出评价得分来看，交通运输、仓储和邮政业创新产出得分最高，始终位居首位；卫生和社会工作，科学研究和技术服务业，批发和零售业，房地产业，以及文化、体育和娱乐业创新产出排名靠后；其余行业均有小幅变动。

第七章、第八章对国际及国内服务业创新发展经验进行总结和分析。国际部分归纳和分析了德国、日本、美国和欧盟推动服务业创新发展的典型做法及经验借鉴。国内部分主要归纳和分析了上海市静安区、广西壮族自治区贺州市、海南省海口市、安徽省铜陵市、北京市海淀区在推动服务业创新发展的做法及经验。

第九章提出我国服务业创新发展的对策建议。在未来经济发展和转型过程中，服务业势必会成为国家产业发展乃至经济转型发展的先导者，引领经济爆发式成长。研究提出推进服务业创新发展的对策建议，一是加强对服务业创新发展的统筹协调和规划引导，二是加大服务业创新重大基础技术的投入，三是加强服务于服务业创新发展的公共服务平台建设，四是强化服务业集聚区自主创新能力建设，五是完善服务业社会中介组织体系，六是布局一批区域现代服务业创新中心，七是加大对服务业人才引进及培养力度。

第一章

研究背景与理论逻辑

一、服务业创新发展概念内涵及重要意义

（一）研究背景

改革开放以来，我国服务业以更快的速度崛起。1978—2017年，我国服务业增加值从905亿元增长到427032亿元，年均实际增长10.5%，比GDP（国内生产总值）年均实际增速高1个百分点；服务业占GDP的比重从24.6%上升至51.6%；对国民经济增长的贡献率从28.4%上升至58.8%，服务业成为第一大产业和经济增长的主要动力。为推进服务业改革开放和供给创新，2017年国家发展和改革委员会印发了《服务业创新发展大纲（2017—2025年）》，对未来10年的服务业发展提出了明确的要求，其中"创新能力大幅提升"是服务业创新发展的一个重要标准：到2025年，科技进步对服务业发展的支撑作用明显增强；产业融合持续深化，新服务模式和业态蓬勃发展；服务业信息化水平大幅提高，以信息技术和先进文化提升服务业发展水平。但从整体上看，加快推动我国服务业创新发展仍然面临着诸多矛盾和问题。我国服务业发展整体水平不高，产业创新能力和竞争力不强，质量和效益偏低。新时期，经济发展和产业转型对我国服务业提出了新要求，提升服务业创新能力成为服务业高质量发展的根本途径。

开展服务业创新发展指数评价研究，对服务业创新发展能力进行定量描述，对服务业创新发展水平的变动情况进行动态监测，进而为国家和区域产业结构调整和服务业与制造业融合发展提供决策参考，是新时期推动服务业高质量发展的重要手段。

一是我国服务业发展迫切需要更加直观、定量的监测指数给予指导。当前我国服务业规模已达到较高水平，服务业逐渐成为我国重要的产业支撑，服务业正处于从"大"向"强"转型发展的关键时期，需要多维度、全面地进行产业透视。但目前国家层面还缺乏专门针对服务业创新发展能力的指数监测与评价。因此，开展服务业创新发展指数研究，将为各级政府指导服务业发展进行科学决策提供有力支撑。

二是开展服务业创新发展指数研究是创新运行监测工作的有益探索。通过对国际、国内不同区域、服务业细分行业统计数据的测算，并通过科学有效的分析模型对数据进行多维度、体系化分析，是对服务业运行监测工作思路、方法进行的一次积极探索，将为下一步完善我国服务业创新发展整体运行监测工作，加快提升服务业运行监测水平提供有效借鉴。

三是服务业创新发展指数是引导服务业实现高质量发展的重要决策依据。未来3～5年将是我国服务业高质量发展的关键时期。一方面需要尽快培育新的服务业细分行业快速成长，另一方面需要加快推进供给侧结构性改革，提升产品的附加值和产业效益，为产业创新和转型升级储备力量，加快推进产业由"大"到"强"的转变。服务业创新发展指数研究紧紧围绕这一目的，通过分析全国服务业创新发展现状，建立创新发展指数评价指标体系，对服务业创新发展能力进行评价，比较分析国际、国内服务业创新发展能力，有针对性地提出中国服务业未来发展路径，对推进服务业创新发展具有一定的参考价值。

（二）服务业创新发展的概念与内涵

1. 服务业的概念及内涵

服务业最早在西方称为"第三产业"。英国经济学家、新西兰奥塔哥大学教授费希尔（Fisher）1935年在《安全与进步的冲突》一书中首先提出"第三产业"的概念，指出第三产业是指除农业、工业、建筑业以外的其他各业。经济合作与发展组织（OECD）1999 年 9 月召开的工商政策论坛对服务业的定义是："服务业是经济活动中一个门类分布广泛的群体行业，它包括高技术、知识密集型分支门类和劳动密集低技能行业领域。"在我国国民经济核算实际工作中，服务业被视同为第三产业，即将服务业定义为除第一产业（农林牧渔业，不含农、林、牧、渔服务业）、第二产业（工业、建筑业，不含开采辅助活动业、金属制品机械和设备修理业）以外的其他 15 个产业部门（表 1–1）：① 交通运输、仓储和邮政业；② 信息传输、软件和信息技术服务业；③ 批发和零售业；④ 住宿和餐饮业；⑤ 金融业；⑥ 房地产业；⑦ 租赁和商务服务业；

表 1–1　中西方关于服务业分类

类　　别	内　　容
西方学者分类	商业服务业、公共服务业、基础服务业、生产性服务业四大类。生产性服务业为其他产业提供服务，如市场研究、教育培训、银行保险服务、会计、法律等服务
中国国民经济统计分类	交通运输、仓储和邮政业，信息传输、软件和信息技术服务业，批发和零售业，住宿和餐饮业，金融业，房地产业，租赁和商务服务业，科学研究和技术服务业，水利、环境和公共设施管理业，居民服务、修理和其他服务业，教育，卫生和社会工作，文化、体育和娱乐业，公共管理和社会组织，国际组织。随着新业态发展，增加了 1 个大类和若干小类。1 个大类是水利、环境和公共设施管理业门类中的土地管理业；增加的小类有：互联网批发，公共自行车服务、多式联运，民宿服务、露营地服务、外卖送餐服务，互联网各类平台、大数据服务、物联网技术服务、地理遥感信息服务，小额贷款公司服务、消费金融公司服务、网络借贷服务、创业投资基金、天使投资，园区管理服务、商业综合体管理服务、供应链管理服务，工业设计服务、新能源技术推广服务、环保技术推广服务、3D 打印技术推广服务、创业空间服务等。实际核算七大行业：批发和零售业，交通运输、仓储和邮政业，住宿和餐饮业，金融业，房地产业，营利性服务业（信息传输、软件和信息技术服务业，租赁和商务服务业，居民服务、修理和其他服务业，文化、体育和娱乐业），非营利性服务业（科学研究和技术服务业，水利、环境和公共设施管理业，教育，卫生和社会工作，公共管理、社会保障和社会组织）

资料来源：《国民经济行业分类》（GB/T 4754—2017）

⑧ 科学研究和技术服务业；⑨ 水利、环境和公共设施管理业；⑩ 居民服务、修理和其他服务业；⑪ 教育；⑫ 卫生和社会工作；⑬ 文化、体育和娱乐业；⑭ 公共管理、社会保障和社会组织；⑮ 国际组织。

服务业按发展历程一般可分类为传统服务业和现代服务业。传统服务业，一是指需求是"传统"的，即需求在工业化以前就广泛存在；二是指生产方式是"传统"的，即提供服务内容的手段和方式等仍然是以人力劳动为主，如传统商业、修理、理发、餐饮和其他能增进和改善人体体能的传统服务业。传统服务业一般具有增加值低、乘数效应小和劳动力素质较差等特点。与传统服务业相对应，现代服务业一般具有五大基本特性，即知识性、高增加值性、高素质性、高科技性和新兴性。具体到某一实际的服务行业，它可能同时具有五大特性，也可能只具有其中一两个特性。例如，旅游业整体上具有知识性和高增加值性，但缺乏高科技性、高素质性和新兴性。

1997 年 9 月，党的十五大第一次提到了现代服务业的问题，即在一国或一个地区的产业结构中以新兴服务业迅速发展与传统服务业转型升级为基础而形成的新型服务业体系。2000 年中央经济工作会议提出："既要改造和提高传统服务业，又要发展旅游、信息、会计、咨询、法律服务等新兴服务业。"关于现代服务业，使用较多的一种定义是："现代服务业是伴随着信息技术和知识经济的发展产生，用现代化的新技术、新业态和新服务方式改造传统服务业，创造需求，引导消费，向社会提供高附加值、高层次、知识型的生产服务和生活服务的服务业"。

现代服务业有别于商贸、住宿、餐饮、仓储、交通运输等传统服务业。2005 年，北京市统计局综合考虑统计上的简单和易行性，首先对现代服务业划分给出了标准，把信息传输、计算机服务和软件业，金融业，房地产业，租赁和商务服务业，科学研究和技术服务业，水利、环境和公共设施管理业，教育，卫生、社会保障和社会福利业，文化、体育和娱乐业 9 个门类共 25 个小类划分到现代服务业范畴[①]。世界贸易组织（WTO）的服务业分类标准中也界

---

① 代文. 现代服务业集群的形成和发展研究［D］. 武汉：武汉理工大学，2017.

定了现代服务业的九大门类，即商业服务，电讯服务，建筑及有关工程服务，教育服务，环境服务，金融服务，健康与社会服务，与旅游有关的服务，娱乐、文化与体育服务。

2. 服务业创新发展概念的内涵

（1）关于服务业创新内涵的研究。自熊彼特提出创新理论开始，创新一直被认为是促进企业利润增长及效率的源泉。最早提出服务创新概念的是贝茨（Betz）。他认为，服务创新不单是产品形态上的创新，或者是生产程序和技术上的创新，本质上是以市场竞争为背景，以技术引入为导向的服务。1995 年，欧盟的欧洲服务业创新系统研究项目（SI4S 项目）研究成果表明，可以将熊彼特提出的创新概念运用于服务业的创新。熊彼特的创新概念是指把一种从来没有过的关于"生产要素的新组合"引入生产系统，创新的目的在于获取潜在利润，企业的创新行为包括寻找新项目、新生产方法、新市场、新原料来源和新生产组织。相对于制造业创新发展，服务业创新发展并没有受到广泛关注和研究。服务业的特性意味着制造业创新的界定及创新的模式不完全适用于服务业。在《奥斯陆手册》中，欧盟从服务业涵盖的行业范围及发展现状出发，对服务业创新进行了全新界定，即在服务类企业经营活动中，企业使用新型的或能够明显改进现有产品、服务及工艺流程的所有方案所开展的行为活动。蔺雷和吴贵生提出服务业创新是仅指局限于服务业中的创新行为活动[①]。埃万热利斯塔（Evangelista）认为人力和组织要素在服务业创新中扮演着重要角色[②]。戴延寿认为服务业创新可以从运作过程、服务系统、服务管理职能和创新对象等方面进行划分，从而囊括了设计、营销、组织结构、人员培训、设备更新、业务流程等企业运行的各个方面[③]。李佩认为服务业创新是指企业在逐利的过程中，采用新技术对资源进行重新组合分配，如开发新品、开拓市场、重建组织、创

---

① 蔺雷，吴贵生. 我国制造企业服务增强差异化机制的实证研究 [J]. 管理世界，2007（6）：103–113.

② Evangelista R. Sectoral patterns of technological change in services [J]. Economics of Innovation and New Technology，2000（9）：183–221.

③ 戴延寿. 论企业服务创新与核心竞争力 [J]. 漳州师范学院学报，2003（1）：18–21.

新服务流程等[①]。霍克恩（Hauknes）按照新颖度将服务业创新分为重大创新、原始创新、服务业产品扩展等形式[②]。泰索（Tether）发现，与外部的联系（如与客户、供货商的合作）及组织变革是服务业创新的主要模式[③]。希普（Hipp）和格鲁普（Grupp）认为服务业创新包含了要素重组带来的创新、对标准化程度改变引起的创新、针对特定问题交互引起的创新等，并将服务业创新分为企业创新和市场创新[④]。赵振民指出服务具有跨边界的特性，在自身属性、市场竞争、产业互动等因素影响下，服务业的创新活动应该包括顾客互动、产业链上下游合作、企业内部跨边界合作等多种方式[⑤]。

（2）关于服务业创新发展模式的研究。帕维特（Pavitt）将服务业创新分为供应商主导型、科学基础型、规模密集型和专业人员型4种，并主要由供应商方面引起技术变革[⑥]。巴拉斯（Barras）提出了逆向产品周期理论，他发现计算机系统在服务业中的应用使其创新过程依次为渐进性创新、根本性创新、产品创新，并认为这是技术原因导致的[⑦]。盖雷（Gadrey）提出服务业创新模式可以分为激进型、改进型、递增型、重组型等[⑧]。加洛基（Gallouj）概括提出了"专门化创新"的概念，并建立了包括变革创新、改进创新在内的6种服务创

① 李佩. 现代服务业创新的影响因素研究：以江苏省为例 ［D］. 南京：南京财经大学，2012.

② Hauknes J. Service in innovation—innovation in service ［R］. Oslo: STEP Group, 1998.

③ Tether B. Do Services Innovate differently?Insights from the European in barometer survey ［J］. Industry and Innovation, 2005, 12（2）：153–184.

④ Hipp C, Grupp H. Innovation in the service sector: the demand for service-specific innovation measurement concepts and typologies ［J］. Research Policy, 2005（34）:, 517–535.

⑤ 赵振民. 基于组织边界跨越的服务创新 ［J］. 集团经济研究，2005（16）：116.

⑥ Pavitt K. Sectoral patterns of technological change: towards a taxonomy and a theory ［J］. Research Policy, 1984, 113: 343–373.

⑦ Barras R. Towards a theory of innovation in services ［J］. Research Policy, 1986, 15: 161–173.

⑧ Gadrey J, Gallouj F, Weinstein O. New modes of innovation: how services benefit industry ［J］. International Journal of Service Industry Management, 1995, 6（3）: 4–16.

新模型[①]。蔺雷和吴贵生将服务创新类型总结为9类：产品创新、过程创新、组织创新、市场创新、技术创新、传递创新、重组创新、专门化创新、形式化创新[②]。刘顺忠从创新系统的角度出发，分析知识密集型服务业成长机制、创新模式和知识生成机理[③]。姜红和曾锵从新服务开发的角度，把服务业创新模式划分为核心外围模式、新服务开发（NSD）动态模式、功能型模式等[④]。李春成将服务业创新分为技术性创新和非技术创新，其中非技术创新又分为管理创新、组织创新、功能创新、市场创新、模式创新、非技术性产品与过程创新、业态创新、体制创新[⑤]。徐力行和高伟凯提出以生产性服务业作为创新政策作用的关键节点，推动生产性服务业与制造业务协同创新的策略[⑥]。杨广和李江帆认为服务业的有形性越强，其创新就越接近制造业创新，无形性越强，其创新模式就越独特[⑦]。吕君杰从知识创新管理、人力资源创新管理、需求管理、国际服务贸易竞争与合作管理等方面对工业服务业的服务创新体系进行了分析[⑧]。

（3）关于服务业创新发展影响因素及提升路径的研究。在服务业创新驱动力方面，最著名的研究是宋德博（Sundbo）和加洛基（Gallouj）提出的。该研究以企业组织为边界划分内部驱动力和外部驱动力，前者包括员工、研发部门及企业的战略管理，后者包括轨道和行为人，轨道分为技术轨道、制度轨道

① Gallouj F, Weinstein O. Innovation in Services [J]. Research Policy, 1997, 26 (4/5): 537–556.

② 蔺雷，吴贵生. 服务创新的四维度模型 [J]. 数量经济技术经济研究，2004 (3): 32–37.

③ 刘顺忠. 知识密集型服务业在创新系统中作用机理研究 [J]. 管理评论，2004 (3): 58–61.

④ 姜红，曾锵. 服务创新模式研究现状与展望 [J]. 浙江树人大学学报，2005 (2): 52–55.

⑤ 李春成. 区域服务业创新的影响因素、创新能力与创新方式研究 [D]. 天津：天津大学，2008.

⑥ 徐力行，高伟凯. 生产性服务业与制造业的协同创新 [J]. 现代经济探讨，2008 (12): 53–56.

⑦ 杨广，李江帆. 服务创新内涵，特征与模式 [J]. 现代管理科学，2009 (6): 51–53.

⑧ 吕君杰. 工业服务业的内涵及服务创新体系研究 [J]. 华东经济管理，2010 (12): 60–62.

等，行为人有顾客、竞争者、供应商等。不同驱动力的相互组合会产生不同的创新模式，如包含技术轨道、服务专业轨道、顾客、研发和战略管理的新工业模式，包括服务业专业轨道、员工和顾客的服务专业模式，各驱动力都参与的网络创新模式等①。库西斯托（Kuusisto）和迈耶（Meyer）的研究认为信息技术的采用才是服务创新的关键，而外部因素中起较大作用的是政府，政策的支持对企业的外部环境产生直接的影响，如行业标准的提高迫使企业进行创新。在具体行业中，创新的影响因素还不尽相同②。陈春明和薛富宏认为科技服务业创新能力的提升及产业规模效益的获得依赖于产业集聚效应③。李红探讨了现代服务业与先进制造业相互融合、相互推进，联动发展的机制及其发展路径④。曾世宏和高亚林指出利用互联网技术创新促进我国服务业转型升级的重点在于通过企业与政府的相互促进，以互联网技术创新引领服务业价值链体系重构，培育服务业新竞争优势，促进分享经济发展⑤。李雪锋指出推动服务业创新发展必须坚持客户的价值导向，注重新技术的开发、知识资源的共享及实现产品和服务的协同⑥。刘奕认为服务业发展的潜力在于产业融合、服务创新和传统服务业转型升级三个方面⑦。

综合来看，服务业创新发展是指发生在服务部门的使用新技术或对现有技术进行新的应用创造出包括技术创新、产品创新、组织创新、模式创新、工艺流程创新及制度创新等一系列新产品、新服务、新产业和新业态等，体

① Sundbo J, Gallouj F. Innovation as a loosely coupled system in service [C] // Metcalfe J S, Miles I. Innovation Systems in the Service Economy. Economics of Science, Technology and Innovation: vol 18. Boston: Springer, 2000: 43–68.

② Kuusisto J, Meyer M. Insights into services and innovation in the knowledge intensive economy: Technology Review 134 [R]. Helsinki: National Technology Agency, 2003.

③ 陈春明，薛富宏. 科技服务业发展现状及对策研究 [J]. 学习与探索，2014（4）：100–104.

④ 李红. 现代服务业融合创新发展的路径探讨 [J]. 统计与决策，2015（24）：72–74.

⑤ 曾世宏，高亚林. 互联网技术创新驱动服务业转型升级的机理、路径与对策 [J]. 湖南科技大学学报（社会科学版），2016，19（5）：123–127.

⑥ 李雪锋. 服务业创新发展的方向和路径 [J]. 城市，2016（9）：3–7.

⑦ 刘奕. 我国服务业高质量发展的战略思考 [J]. 中国发展观察，2018（15）：18–21.

现了人力资本、技术、组织及能力的集成。服务创新发展的目标是通过技术革新、管理创新和模式更新，实现服务方式和服务手段的专业化、智能化、个性化，提升服务业发展质量和效率，推动服务产业链向价值链高端跃升；同时，提升服务行业对制造业、农业等其他产业和经济社会发展的支撑引领与融合发展能力。

基于文献梳理及服务业创新发展的目标，研究认为服务业创新发展应具备以下条件。

一是具有统一开放、公平竞争、创新激励的市场环境。服务业自身发展规模、服务效率和产业效益得到稳步提升，在更少、更绿色投入的基础上实现更高、可持续的产出，并培育和涌现出一批具有创新能力和品牌优势的服务业企业。

二是具有持续扩大的有效供给能力。服务业发展及其供给能适应、满足和引领产业发展及产业结构转型升级对生产性服务业的需求，与人民日益增长的对生活性服务业的需求比较吻合，尤其是日益个性化、多样化、智能化和体验式的服务需求能得到有效满足。

三是具有较强的知识创造和产出能力。服务业的发展从依赖生产要素大规模、高强度投入转为更多依靠人力资本、技术、知识和现代装备等实现技术创新、业态创新、商业模式及管理模式创新。

四是具备较高的国际化发展水平。通过深化服务贸易往来与合作，不断加强与发达国家之间的服务人才交流、服务理念创新、服务业态引进、服务内容拓展和服务方式创新等，进而提高服务发展水平；充分利用国际市场培育新动能，推动我国服务经济向着效率更高、包容性更强、更加可持续的方向发展。

五是具有较好的经济基础和旺盛的产业需求。农业和制造业发展达到较高层次，对服务业创新发展支撑产业转型升级的需求比较迫切，服务业创新发展具备较强的经济基础和产业需求。

（三）服务业创新发展的现实意义

1. 加快推动服务业创新发展是调整、优化经济结构的必然要求

我国正处于由工业化中后期向工业化后期转变的历史关键阶段。进入工业

化中后期，经济转型升级的一个突出特点是工业经济向服务业经济的转变。经济发展依靠工业增长会因工业产品的日益增多、需求饱和而受到制约，同时长期发展工业消耗大量资源尤其是不可再生资源，使工业增长受资源约束的问题日益凸显。制造业及农业的转型升级直接依赖于信息、研发、设计、物流、销售、大数据等生产性服务业的发展，由此形成对生产性服务业的巨大市场需求。同时，服务业中的许多行业具有社会基础性质，服务业创新发展将有利于提升整个社会经济的运行效率。如商业和交通运输业可以促进生产者与消费者的结合，解决生产与消费在时间上和空间上的矛盾，从而保证生产的顺利进行，提高市场交易效率，降低交易成本；金融业是投资的载体，而投资是经济增长的关键因素之一，因此金融业也在国民经济运行中起着举足轻重的作用，它的运营状况直接制约着国民经济的健康和持续发展。在错综复杂的国内外环境下，服务业尤其是新兴服务业的快速发展将成为引领和推动我国经济结构持续优化的动力引擎。

2. 服务业创新发展是推动我国服务化进一步高端化和专业化的根本手段

随着我国各个省份相继进入工业化中后期，制造业的迅速发展会不断出现各种问题，这些问题的解决往往有赖于研发设计、检测检测、技术交易、物流、节能环保等业态技术上的进一步创新和发展，因而对服务业发展提出新的要求。例如，医疗领域中不断出现的各种疑难杂症及检测和治疗上的新突破要求有更高的生物化学技术、信息技术等，从而推动了新兴服务业相关业态的发展，推动了医疗服务业态的高端化、专业化。同时，以物联网、云计算、移动互联网为代表的新一代信息技术日益普及并广泛应用，激发了服务业领域的持续创新与跨界融合，使许多服务行业日趋智能化和融合化。如信息技术含金量较高的互联网金融、智能快递、远程医疗、线上教育等服务行业。产业之间的相互融合，优化了服务业的价值链，使经济结构不断软化，并进一步推动服务产业结构的专业化、智能化。

3. 服务业创新发展是进一步优化我国就业结构的重要举措

世界各国经济发展的历程表明，随着经济的发展，劳动力由农业向第二、第三产业的转移是经济发展的客观规律。迟福林指出，形成服务业主导的经济结构是扩大就业的主渠道[①]。从 2013—2014 年发展的情况看，服务业增加值每增长 1 个百分点能创造约 100 万个新的就业岗位。"十四五"时期，如果服务业增加值按年均 10% 增长估计，每年新增就业将达到 1000 万人。同时，数字经济等服务业新业态、新模式的发展将能创造大量新就业岗位和新就业形态，也将会进一步优化我国的就业结构。美团点评研究院发布的《新时代新青年：2018 年外卖骑手群体研究报告》显示，美团外卖 31% 的骑手来自去产能产业工人，有效地解决了产业转型升级带来的就业问题。

4. 服务创新发展是新时期实现社会治理现代化的重要支撑

当前，随着经济快速发展和颠覆性技术的持续出现，新事物、新业态、新理念推动了社会治理方式的持续变革，也带动了消费结构的持续升级，这些也对政府治理能力提出了新的挑战，政府服务也逐步从管理型政府向服务型政府转化。政府作为公共服务的提供者，也需要通过服务内容、服务方式和服务手段的持续创新来增强和优化公共服务供给，以满足社会经济发展和人民群众日益增长的多元化需求，并有效弥补市场失灵导致的服务业供给不足和质量不高的问题。尤其是随着物联网、云计算、大数据、移动互联网的发展，面向数字政府建设，各级政府必须要加快内部组织改造，实现治理能力与治理体系现代化，改变过去工业时代建立的扩展制、金字塔型政府、条块分割非常明晰的体系，在网络世界建立智慧化、协作型智慧政府，这些都是非常重要的挑战。

二、服务业创新发展的国内外形势

（一）国际形势

1. 发达经济体和新兴经济体均向服务经济转型

随着服务业对 GDP 的平均贡献和增加值的提高，服务业增长与整体经济增长之间的关系变得更加紧密。高收入国家服务业增加值占 GDP 的比重已达

---

① 迟福林. 走向服务业大国——2020：中国经济转型升级的大趋势［J］. 经济体制改革，2015（1）：30–33.

70%，超过世界平均水平，美国服务业增加值占 GDP 的比重高于其他高收入国家，呈现出高度服务业的经济特征。多数中等收入国家服务业增加值占 GDP 的比重超过 55%。新兴经济体服务业正逐步在国民经济中占支配地位，成为驱动经济发展的新增长点。例如，巴西服务业增加值已于 2017 年超过世界平均水平，中国和印度服务业增加值占 GDP 的比重呈上升趋势，与世界平均水平差距正逐步缩小。但低收入国家服务业增加值占 GDP 的比重在 2017 年开始下降，2018 年服务业增加值占 GDP 的比重比 2012 年低 1.28 个百分点，服务业发展相对滞后（图 1-1）。

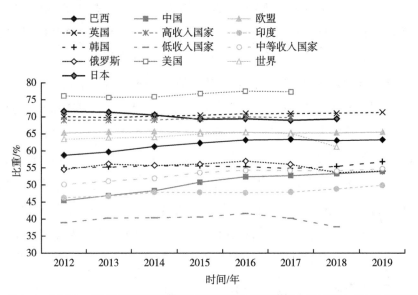

图 1-1　2012—2019 年世界发达经济体及新兴经济体服务业增加值占 GDP 的比重

数据来源：World Bank Open Data

2. 服务出口加速，服务贸易结构逐步发生变化

如今，服务业在各国贸易中所占比例越来越大。按美元价值换算出口价值，商品出口仍然是最大的类别，2019 年为 187565.47 亿美元，是服务出口的 3 倍。但从服务出口的比重变化来看，2012—2019 年世界服务出口额呈稳步上升特征，占世界商品和服务出口总额比重由 2012 年的 20.30% 上升至 2019 年的 24.71%，而占世界 GDP 的比重从 11.95% 上升到 13.48%（图 1-2）。从不同

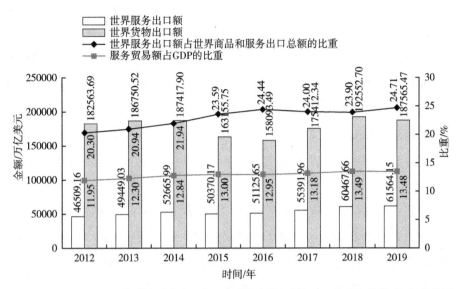

图 1-2 2012—2019 年世界服务出口额及占世界商品和服务出口总额和世界 GDP 的比重

数据来源：UNCTAD Handbook of Statistic 2019

收入国家来看，高收入国家是世界服务出口的最主要经济体，2012—2019 年年平均占比为 80% 左右。新兴经济体如中国、印度等国家的服务出口近年来占世界服务出口的比重有所增长，但与发达经济体相比，差距较远（图 1-3）。

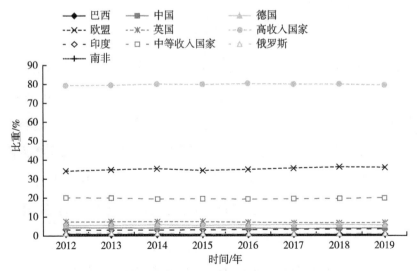

图 1-3 2012—2019 年不同收入经济体及国家服务出口占世界服务出口的比重

数据来源：UNCTAD Handbook of Statistic 2019

发达国家在新兴服务贸易领域仍占主导地位。根据联合国贸易和发展会议（UNCTAD）报告显示，全球一半左右的出口附加值来源于服务。《2019年联合国贸发会议统计手册》数据显示，从世界范围来看，除运输业外，2013—2018年，所有种类的服务出口在世界大多数地区都取得了较快的增长。在电信、计算机和信息服务出口方面，亚洲的出口平均每年增长9.5%，拉丁美洲和加勒比海地区、欧洲和大洋洲的出口平均每年增长6%～7%，非洲则停滞不前。在保险、金融、知识产权和其他商业服务出口方面，非洲与亚洲的出口出现了比较强劲的增长，年增长率为6%～7%。此外，所有大洲的旅行出口均有增长，最显著的是拉丁美洲和加勒比海地区，每年增长6%。与发达经济体相比，发展中经济体的出口更多地依赖于旅行和运输，对保险、金融、知识产权和其他商业服务的依赖则有所减少，而78%的保险、金融、知识产权和其他商业服务由发达经济体提供，亚洲和大洋洲的发展中经济体仅占不到1/5（图1-4，图1-5）。

高收入国家是全球知识产权的最大输出国。虽然2017年之后知识产权使用费出口有所下降，但仍超过97%。中等收入国家近年来知识产权使用费出口

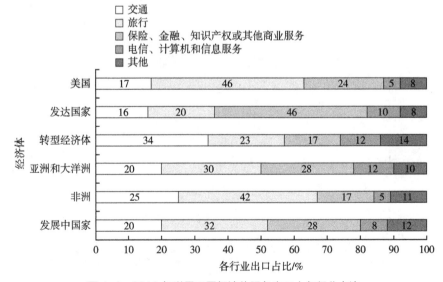

图1-4 2018年世界不同经济体服务出口中各行业占比

数据来源：UNCTAD Handbook of Statistic 2019

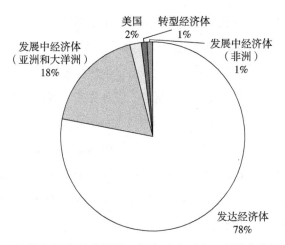

图 1-5 2018 年世界不同经济体保险、金融、知识产权和其他商业服务出口的比重

数据来源：UNCTAD Handbook of Statistic 2019

有所增长，占世界知识产权使用费出口的比重由 2012 年的 1.27% 上升至 2019 年的 2.75%，但整体来看，占比仍较低。我国知识产权使用费出口的比重由 2012 年的 0.39% 上升至 2019 年的 1.69%，表明我国高端生产性服务出口竞争力也在提升，但与美国相比仍有较大差距（图 1-6）。

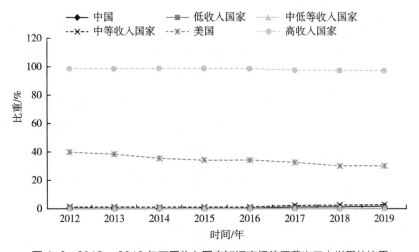

图 1-6 2012—2019 年不同收入国家知识产权使用费出口占世界的比重

数据来源：UNCTAD Handbook of Statistic 2019

3. 知识密集型服务在全球产业链分工与价值链重构中的重要性越来越强

随着经济服务化的不断深化，企业生产向研发、设计、标准、供应链管理、营销网络、品牌等高价值链区段转移，生产性服务环节在产业价值链增值中的比重不断提高，供应链、营销网络、服务方式、赢利模式等商业模式创新成为创新活动的新内涵。2016年，欧盟（33%）和美国（18%）商业知识密集型服务产出合计占全球的一半。同时，发展中国家也在逐渐提升知识密集型服务业产出的比重。例如，印度和印度尼西亚知识密集型服务产出的比重不断增加，其中印度电信、计算机和信息服务方面的出口占全球出口的16%，印度尼西亚则在金融和商业服务方面取得了较大进展[①]。

从全球价值链来看，2000年研发支出及品牌、软件和知识产权之类的无形资产支出为收入的5.4%，2016年上升至13.1%。这个趋势在全球创新价值链上表现得尤为明显。机械制造业公司在研发和无形资产投资上的占比为36%，而制药和医疗器械业这个比例高达80%[②]。全球价值链向知识密集型转变，对知识和无形资产上的重视有利于国家的高素质劳动力、创新和科技研发能力的发展和对知识产权的保护。

4. 产业融合发展已经成为全球产业经济发展的主流和趋势，服务业在日益数字化的经济中扮演着越来越重要的角色

在工业化后期，"服务业+"效应进一步显现。例如，服务业与制造业融合模式主要有以下三种。一是制造业投入产出的服务化趋势加快。据测算，目前服务中间投入占制造业企业中间投入的70%左右，其中对研发、金融、租赁和商务服务等行业的中间需求较高。二是制造业企业经营的服务化趋势加快。在工业品的附加值构成中，制造加工环节占比越来越低，而研发、设计、物流等服务占比越来越高。三是服务业企业产业链逐渐向制造业延伸。在价值链上处于主导地位的服务业企业，凭借其技术、管理、销售渠道等优势，通过

---

① 数据来源：Science & Engineering Indicators 2018。

② McKinsey Global Institute. Globalization in transition: The future of trade and value chain［J/OL］.（2019-01-16）［2021-03-29］. https://www.mckinsey.com/featured-insights/innovation-and-growth/globalization-in-transition-the-future-of-trade-and-value-chains#.

贴牌生产、连锁经营等方式嵌入制造业企业共同为消费者提供服务。目前，美国制造与服务融合型的企业占制造业企业总数的 58%，欧洲发达国家也基本保持在 45% 以上，并呈现稳步增长趋势。如美国通用电气公司通过服务创造出 75% 的利润，国际商业机器公司（IBM）从计算机租赁、维修和软件等服务中获得超过 33% 的收入。

与此同时，数字经济已成为驱动全球服务经济发展的关键力量。越来越多的服务以数字化的方式提供，无论是在国内还是国外进行交易。受行业属性影响，固定成本低、交易成本高的服务业更易于进行数字化转型，2019 年，全球服务业数字经济渗透率达到 39.4%，较去年提升 1.5 个百分点。统计显示，全球服务贸易中有 50% 以上已经实现数字化，超过 12% 的跨境货物贸易通过数字化平台实现，预计今后 10 ～ 15 年，全球货物贸易以 2% 左右的速度增长、服务贸易以 15% 左右的速度增长，而数字贸易则以 25% 左右的高速增长，20 年后世界贸易格局将形成 1/3 货物贸易、1/3 服务贸易、1/3 数字贸易的格局。数字技术不仅有利于货物贸易，还促进服务贸易便利化，催生新的服务业态，数字经济已成为全球最重要商业乃至产业基础设施。

（二）国内形势

1. 我国经济转向高质量发展阶段，服务业创新成为转型升级的重要推手

我国正处于实现中华民族伟大复兴的关键时期，经济已由高速增长阶段转向高质量发展阶段，正处在转变发展方式、优化经济结构、转换增长动力的攻关期。研发、设计、营销等生产性服务业对提升农业和制造业竞争力至关重要，只有加快发展服务业，才能支撑制造强国和农业现代化建设。服务业逐渐成为经济发展和新旧动能转换的主动力，加快推动服务业创新发展，支撑引领经济转型升级。

2. 国家区域协调发展战略实施，区域协同和产业联动需要服务业的弥合与带动

随着对服务业重视程度的加深，国家密集出台政策促进服务业发展，尤其是在促进服务业与制造业融合、高质量发展方面推出了一系列财税金融支持政

策、科技创新政策和建立了高质量教育体系等，这将为推动制造业与服务业深度融合和互促互动，向服务型制造和柔性制造转型，创造大量生产性服务业发展需求，创造良好的政策环境。2020年，国家设立湖南省自由贸易试验区，赋予其更大的改革自主权，加快促进湖南省建设贸易投资便利、产业布局优化、金融服务完善、监管安全高效、辐射带动作用突出的高标准高质量自由贸易园区。此外，国家重大区域战略调整，推动重大区域融合发展，促进中部地区崛起、长江经济带发展战略的深入实施，需要建立以中心城市引领城市群发展、城市群带动区域发展新模式，推动区域板块之间融合互动发展，推动服务业区域协同、开放发展。

3. 决胜全面建成小康社会，农村第一、第二、第三产业融合迫切需要服务业加快引领

决胜全面建成小康社会，决战脱贫攻坚，扎实推进乡村振兴，都需要加快农业农村现代化步伐，促进农村第一、第二、第三产业融合发展，大力发展休闲农业、设施农业，以农业服务业为引领，推进农业生产标准化、品牌化、高端化。从我国农业发展水平来看，农业基础薄弱、产业链条较短等问题制约着农业高质量发展。近年来，休闲农业、乡村旅游等新兴产业快速兴起，激活了广大消费市场对农村环境、景观、文化、食品安全等农业专业化服务的现实需要，引导和吸引城市优质资源和发展要素与农业、农村融合发展。

4. 应对疫情常态化和智能经济发展新要求，迫切需要服务业加速实现数字化、智能化、信息化、平台化

第一，疫情加速催生工业电子商务、共享经济、平台经济、产业链金融等新业态、新模式，对生产性服务业企业智能化服务能力提出了更高要求，应以研究开发、技术转移、创业孵化为重点，加强与疫情相关的科技研发与应用攻关，推动大众创业、万众创新，建立覆盖科技创新全链条的科技服务体系。第二，智能经济对服务业智能化服务能力有了更高要求。以5G、云计算、人工智能为代表的"新基建"加快推进，进入新一轮技术突破期，信息产业、智能产业等新经济产业全面发展。服务业应加速创新发展新业态、新模式，以现代信息技术为支撑，聚焦城市管理、5G基站建设、教育医疗、智能制造、大数据应用等重点领域，加强金融、科技服务等业务流程和服务环节的数字化和线上化，提升生产服务的价值链和产业链水平。第三，营商环境改变，对服务业平台化服务能力有了更高要求。随着营商环境不断改善，"放管服"改革加速，远程办公、居家办公将成为常态，迫切需要加快培育与之相适应的服务业新业态、新模式，服务业趋向于平台化。

5. 居民消费潜力和消费动力进一步释放，将拓展未来服务业的发展空间

经济持续增长带来的是居民收入水平的大幅提升，2019 年中国人均 GDP 已经达到 1.03 万美元，跨入中等发展国家行列。居民收入提升的背后是贫困人口的消失与中产阶级的崛起。根据麦肯锡的研究报告，到 2022 年，中国城镇人口将有 76% 将进入中产大军，也就是家庭年收入 9000 ～ 34000 美元（折合人民币 60000 ～ 227000 元）。随着收入增加和现代人生活观念的转变，对健康的需求增长将带动体育、健身、美容、医药等服务产业需求快速增长；同时，新型消费群体的崛起，也将对新兴消费带来巨大提升，如娱乐、体育等。此外，我国人口结构呈现老龄化的特征，随着我国 1949—1970 年婴儿潮时期出生人口在 2010—2030 年步入老年，我国人口老龄化趋势更加明显，人口老龄化和代际更替带来最显著的变化就是人的后市场相关需求快速爆发。

总体来看，经过多年发展我国服务业已站在新的历史起点上，正处于提质增效的重要机遇期。随着城乡居民收入水平提高，居民消费向服务消费和发展型、享受型消费升级，将为服务业发展打开更加广阔的空间。新型工业化、信息化、城镇化、农业现代化协同推进，将极大拓展服务业发展的广度和深度。绿色化、人口老龄化等趋势，为服务业发展提供了新的机遇。全面深化改革、全方位对外开放和全面依法治国正释放新的动力、激发新的活力。在新技术支撑下，服务业新产业、新业态、新模式不断涌现，成为经济发展的突出亮点。

第二章

服务业创新发展基本现状及问题

一、国内外服务业创新发展现状

（一）我国服务业创新发展现状

1. 服务业产业规模

（1）服务业增加值保持快速增长态势。2013—2018 年我国服务业增加值呈现出稳步增加的趋势，增加值由 277979.1 亿元上升至 469574.6 亿元，占GDP 的比重由 46.88% 上升至 52.16%，超过第二产业占 GDP 的比重。从服务业发展增速看，除 2017 年外，均高于第二产业增加值增速。2018 年我国服务业增加值 469574.6 亿元，比 2017 年增长 7.6%，比 GDP 和第二产业增加值增速分别高出 1.0 和 1.8 个百分点；占全国 GDP 总量的比例是 52.16%，比 2017年提高 0.27 个百分点（图 2–1）。服务业成为国民经济第一大产业，成为推动中国经济增长的主动力。

与发达国家相比，我国服务业增加值比重长期偏低，2001 年才首次超过工业比重，2012 年才首次超过第二产业比重，2015 年才首次超过 50%，而全球平均水平已超过 60%，发达国家的第三产业占比已经超过了 70%，部分国家更是超过了 80%。我国服务业增加值比重不仅明显低于美国（78.1%,2013 年）、英国（78.4%，2014 年）等国家，也低于发展中国家里的印度（52.1%，2014

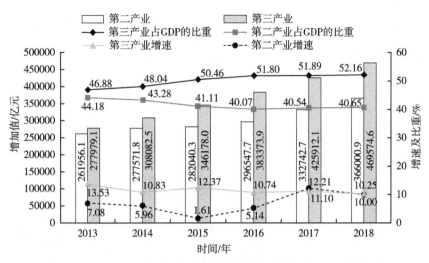

图 2-1 2013—2018 年中国服务业增加值、增速及占 GDP 的比重

数据来源:《中国统计年鉴》(2014—2019 年)

年)、俄罗斯(60%,2014 年)等国家。从服务业增加值占比来看,目前,我国服务业发展水平仅约相当于 20 世纪 70 年代初的日本、80 年代初的韩国和 90 年代末的印度。而根据 IBM 商业价值研究院的数据,在欧美主要国家制造业中,兼有服务和制造业务的企业已超过 20%。其中,美国制造业中服务的比重高达 58%,英国制造业中服务的比重已占 30%,然而我国制造业中服务的比重不足 5%,97.8% 的制造型企业仍停留在产品生产加工阶段。

(2)服务业逐渐成为吸纳社会劳动力的主力军。经济学中的配第-克拉克定理揭示,随着经济发展和国民收入水平的提高,劳动就业人口将首先从农业部门向工业部门转移,接着向服务业部门转移。美国经济学家福克斯(Fuchs)以服务业就业比重为标准,将服务业就业比重超过 50% 的经济体定义为服务经济体。我国服务业就业人数持续增长,2012—2017 年,服务业就业人数增加 7182 万人,而第一产业、第二产业分别减少 4829 万人和 1417 万人。人力资源和社会保障部测算,2009—2012 年,服务业每增长 1 个百分点,带动新增就业 70 万人;到 2016 年,服务业每增长 1 个百分点,就能创造约 120 万个就业岗位,而这些服务项目,其实也正是人民群众生活品质和生存质量提高所必备的基本指标。2018 年年底,我国服务业就业人员达到 35938 万人,比重达到 46.3%（图 2-2）。我国服务业正发挥着"蓄水池"作用，吸纳就业能力持续增强，但与成为服务经济体还有一定距离。

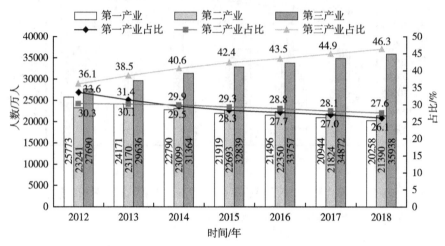

图 2-2　2012—2018 年我国三次产业从业人数及占比

数据来源：《中国第三产业统计年鉴》（2019 年）

从我国城镇服务业各行业吸纳就业人数占城镇服务业总体就业人员比重来看，我国城镇服务业就业人员占比最高的是教育和公共管理、社会保障和社会组织，2013—2018 年平均占比分别为 19.9% 和 18.48%；排名第 2、第 3、第 4 位的是批发和零售业（9.62%），卫生和社会工作（9.4%），交通运输、仓储和邮政业（9.37%）；而租赁和商务服务业（5.32%），科学研究和技术服务业（4.54%），信息传输、软件和信息技术服务业（4.05%），文化、体育和娱乐业（1.65%）等行业的城镇就业人数占比相对较低。但从历年城镇服务业吸纳就业人员占比发展趋势来看，2013—2018 年，以住宿和餐饮业、批发和零售业为代表的传统服务业占城镇服务业就业人数的比例呈下降趋势，而在技术、知识含量较高的服务领域，如金融业，信息传输、软件和信息技术服务业，租赁和商务服务业等知识密集型行业就业人数占城镇服务业就业人数的比例保持稳定增长，科学研究和技术服务业近 2 年虽有所下降，但总的来说，服务业就业结构在一定程度上有所改善（图 2-3）。

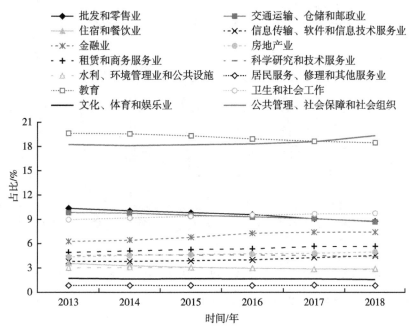

图 2-3　2013—2018 年我国城镇服务业细分行业就业人员占比

数据来源:《中国劳动统计年鉴》(2019 年)

（3）服务业固定资产投资逐年增加。2012—2018 年，我国服务业固定资产投资及占全社会固定资产投资的比重呈不断扩大趋势，2018 年服务业固定资产投资达到 375324 亿元，占全社会固定资产投资的比重达 59.05%（图 2-4 ），高于工业固定资产投资 21.62 个百分点。我国服务业固定资产投资规模的不断扩大，对服务业快速增长起到了较为显著的支撑作用。从服务业细分行业固定资产投资增长来看，交通运输、仓储和邮政业，信息传输、软件和信息技术服务业，教育，卫生和社会工作，文化、体育和娱乐业等技术知识含量较高的行业相对其他行业固定资产增速较高（表 2-1），说明随着产业结构优化和经济转型的逐步推进，我国各级政府和企业开始重视对知识密集型服务业企业的固定资产投资，以投资结构持续改善来进一步推动服务业创新发展。

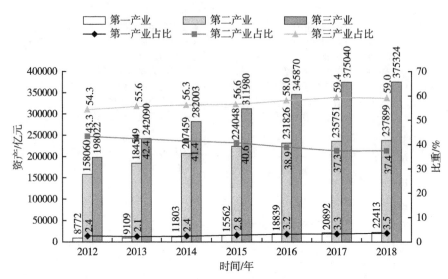

图 2-4　2012—2018 年我国服务业固定资产投资及占全社会固定资产投资比重

数据来源:《中国统计年鉴》(2013—2019 年)

表 2-1　我国服务业各细分行业固定资产增速　　　　单位:%

细分行业	2012 年	2013 年	2014 年	2015 年	2016 年	2017 年	2018 年
批发和零售业	31.9	29.7	25.5	19.8	−4.0	−6.1	−19.8
交通运输、仓储和邮政业	11.1	17.0	17.8	13.8	9.5	14.8	4.0
住宿和餐饮业	30.2	17.2	3.6	5.1	−8.7	4.0	−0.8
信息传输、软件和信息技术服务业	23.8	14.6	36.1	34.4	14.6	12.8	4.1
金融业	44.7	34.4	10.7	0.3	−4.2	−13.3	−13.1
房地产业	21.4	19.8	10.6	2.2	6.0	3.0	8.0
租赁和商务服务业	38.9	25.4	35.7	18.6	30.6	14.6	13.9
科学研究和技术服务业	47.4	26.6	35.1	12.6	17.2	9.4	13.6
水利、环境和公共设施管理业	20.8	27.2	23.5	20.5	23.3	21.2	3.3
居民服务、修理和其他服务业	32.0	10.2	13.7	15.1	0.8	2.0	−12.6
教育	18.4	17.8	23.8	15.2	20.7	20.4	7.0

续表

细分行业	2012 年	2013 年	2014 年	2015 年	2016 年	2017 年	2018 年
卫生和社会工作	12.3	20.0	27.9	29.7	21.4	18.1	8.4
文化、体育和娱乐业	35.1	22.5	18.5	8.9	16.4	12.9	21.2
公共管理、社会保障和社会组织	7.1	−2.9	23.0	9.0	4.3	−2.0	−18.0

数据来源:《中国第三产业统计年鉴》(2019 年)

（4）新兴服务业发展速度加快，新业态、新模式正在成为经济增长的新动力。以"互联网＋"为标志的服务业新经济高速成长。国家统计局数据显示，2017 年，规模以上服务业中，与共享经济、数字经济密切相关的互联网信息服务业、信息技术咨询服务业、数据处理和存储服务业营业收入分别增长 42.9%、35.4%、39.1%。全年电子商务交易额达 29.16 亿元，比上年增长 11.7%；网上商品零售额增长 32.2%。银行业金融机构处理移动支付业务金额比上年增长 28.8%；非银行支付机构发生网络支付业务金额增长 44.32%。信息传输、软件和信息技术服务业，租赁和商务服务业等现代服务业对经济增长的引领作用不断增强。新兴服务业发展势头强劲。2017 年，规模以上服务业中，战略性新兴服务业、高技术服务业、科技服务业营业收入分别增长 17.3%、13.2%、14.4%，比上年提高 2.2、2.8、3.1 个百分点。此外，幸福产业发展势头良好。随着人民群众对美好生活需求的日益增长，旅游、文化、体育、健康、养老服务业稳定健康发展。2017 年，规模以上服务业中，幸福产业营业收入合计增长 13.7%，比上年提高 1.9 个百分点。幸福产业在国民经济中比重不断提升。2016 年，旅游及相关产业、文化及相关产业、体育产业增加值占 GDP 的比重达到 4.44%、4.14% 和 0.87%，较上年提高了 0.08、0.19、0.13 个百分点。人民群众的幸福感、获得感得到进一步提升。

"三新"（新产业、新业态、新商业模式）经济正成为中国经济发展的重要组成部分，对经济回升向好的态势具有非常重要的支撑作用。从 2016—2019 年第三产业"三新"经济发展态势来看，供给侧结构性改革综合效果进一步表现出来，"三新"经济成为服务业创新发展的新动能。根据《新产业新业态新商业模式统计分类（2018）》和《新产业新业态新商业模式增加值核算方法》，2016—2019 年，全国"三新"经济绝对额增加值实现"三连涨"，"三新"经济比重已从 2016 年的 15.3% 增至 2019 年 16.3%。2019 年，我国"三新"经济增加值为 161927 亿元，相当于 GDP 的比重为 16.3%，比上年提高 0.2 个百分点，比 2016 年提高 1.0 个百分点；按现价计算的增速为 9.3%，比同期 GDP 现价增速高 1.5 个百分点。其中，第三产业"三新"经济增长迅速，绝对额增加值达到 84799 亿元，较上年增长 10.6%，占 GDP 的比重比上年提高 0.1 个百分点，分别高于第一、第二产业 7.9 个百分点和 1.5 个百分点（图 2-5）。

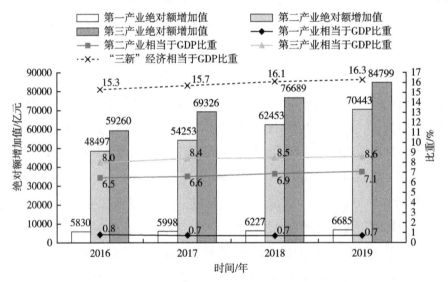

图 2-5 2016—2019 年我国"三新"经济绝对额增加值增长变化

数据来源：国家统计局公开数据

2. 服务业创新投入

（1）服务业研发经费投入相对偏低。伴随着消费的升级和新一代通信等更多信息技术的广泛应用，服务业企业的成长正由"互联网+"，走向"科技+""金融+""物流仓储+""大数据+"。在消费升级的风口中，集合高标准、便捷性、专业性、一体化为内容的服务并非单靠模式创新就可以实现，必须依靠大量技术投入的积累。从 2017 年国民经济行业研发经费投入来看，制造业研发经费投入为 1483.16 亿元，占比为 60.89%；而服务业的技术投入相对较低，研发经费投入 761.15 亿元，占整个国民经济行业研发经费投入比重为 31.25%，约占制造业研发机构经费投入的一半。从服务业细分行业看研发经费投入，批发和零售业为 0；占比较高的科学研究和技术服务业，占比为 25.18%；其次是卫生和社会工作，占比为 2.58%；信息传输、软件和信息技术服务业占比仅为 0.47%（图 2-6）。

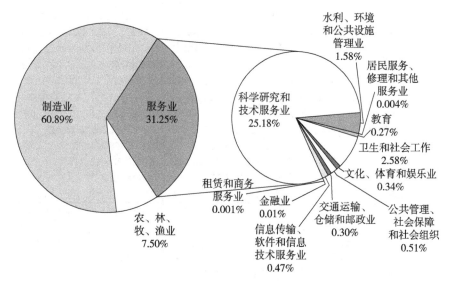

图 2-6　2017 年服务业细分行业研发经费投入占比

数据来源：《中国科技统计年鉴》（2018 年）

（2）服务业细分行业从业人员的素质有待进一步提升。从服务业从业人员学历构成来看（图 2-7），批发和零售业，交通运输、仓储和邮政业，住宿和餐饮业，房地产，水利、环境和公共设施管理业，居民服务、修理和其他服务业等行业主要以初中、高中学历为主，且初中学历占比更高；而信息传输、软件和信息技术服务业，金融业，房地产，租赁和商务服务业，科学研究和技术服务业，教育，卫生和社会工作，文化、体育和娱乐业，公共管理、社会保障和社会组织等行业则以大学专科和本科学历为主。同时，研究生学历以上的服务业就业人员占总体就业人数的 0.56%。其中，科学研究和技术服务业，教育，信息传输、软件和信息技术服务业研究生学历的就业人员占比较高（图 2-7）。整体来看，当前我国服务业从业人员素质偏低，成为制约服务业创新发展的重要瓶颈。

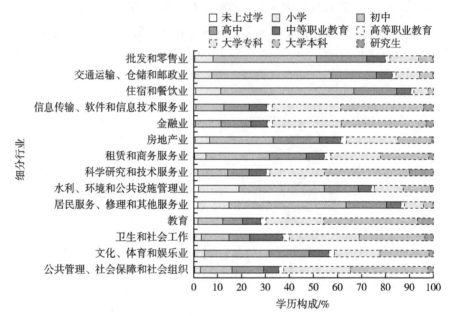

图 2-7　2018 年服务业细分行业从业人员学历构成

数据来源：《中国人口和就业统计年鉴》（2019 年）

（3）服务业利用外商投资结构逐步优化。随着我国服务业对外资的进一步放开，服务业已经成为外商投资的首选领域，投资于服务业的外资比例大幅上升。2012—2017 年我国服务业利用外商投资呈逐步增加趋势，由 571.96 亿美元上升至 890.11 亿美元；2018 年有所下降，为 858.50 亿美元，占外商直接投资额的 68.1%，是制造业为利用外商投资的 2.08 倍。从细分行业来看，外商投资主要集中于信息传输、软件和信息技术服务业，房地产，租赁和商务服务业。从变化趋势来看，租赁和商务服务业，科学研究和技术服务业，教育，信息传输、软件和信息技术服务业等知识密集型服务业利用外商投资呈逐年增加趋势（图 2-8，图 2-9），这表明随着我国经济发展水平的提升，流入我国的外资已经逐渐由传统的加工组装行业和房地产业转向高技术制造、科技研发、信息服务、商业服务等高附加值领域，外资企业日益重视我国国内庞大的消费市场和日益增长的服务需求，积极布局研发设计、商务服务、财务清算和管理决策等业务中心，这将在一定程度上推动我国服务业结构的优化和调整。

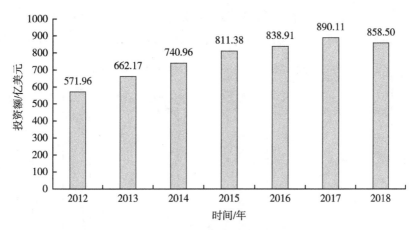

图 2-8　2012—2018 年我国服务业利用外商投资

数据来源：《中国统计年鉴》（2013—2019 年）

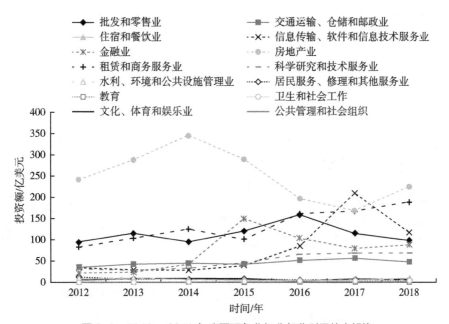

图 2-9　2012—2018 年我国服务业细分行业利用外商投资

数据来源：《中国统计年鉴》（2013—2019 年）

（4）孵化器和众创空间数量及社会风险投资不断增多。孵化器和众创空间数量反映了由企业和社会提供的创新空间规模，同时也反映了科技服务在促进创新创业方面的积极作用。2015—2018年我国科技孵化器数量 [①] 保持稳健增长，由2533家上升至4849家，众创空间数量由4298家上升至6959家，二者的年增长速度分别为24.2%、17.4%（图2-10，图2-11）。其中，专业孵化器

图2-10　2015—2018年我国科技企业孵化器数量及单个企业获得的平均风险投资

数据来源：《中国科技统计年鉴》（2016—2019年）

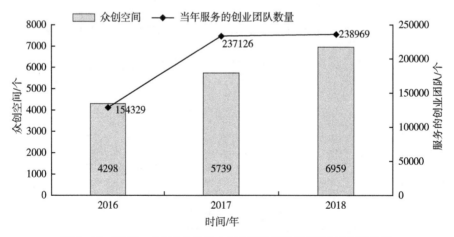

图2-11　2016—2018年我国众创空间数量及服务的创业团队数量

数据来源：《中国科技统计年鉴》（2017—2019年）

---

① 来源于《中国科技统计年鉴》中的"在统孵化器数量"指标。

数量从 1020 家增至 1429 家，虽然数量不断增加，但是占孵化器总量的比重逐年下降，说明我国专业孵化器的发展仍然处于起步阶段，还面临着增长乏力等问题。孵化器和众创空间兼具公益和市场两种生命，通过政府的引导，吸引大量的社会资金投入。从单个企业获得的风险投资额来看，科技孵化器获得的平均风险投资由 2015 年的 1021.07 万元上升至 2018 年的 1298.78 万元，众创空间 2016—2018 年单个团队及企业当年获得的平均投资额分别为 359.83 万元、368.05 万元、414.69 万元，整体上呈现增加的趋势。

从孵化领域来看，2018 年孵化器和创客空间的孵化领域主要集中于电子信息、文化创意、先进制造等领域，生物医药、新材料、新能源、人工智能等新兴产业也多有涉及。整体来看，我国孵化器和创客空间的孵化领域主要集中于新兴产业和科技创新产业，对推动我国产业升级和高质量发展作用明显。

3. 服务业创新环境

（1）服务业创新政策体系日趋完善。推进服务业创新发展已成为各地区探索转型发展的战略举措之一，完善与创新相关的行业管理体制、市场运行机制、财政税收体制、人才工作管理体制与运行机制及城市保障体制是其中的关键。国家将"加快推动服务业优质高效发展"纳入《国民经济和社会发展第十三个五年规划纲要》，并制定出台《"十三五"现代服务业科技创新专项规划》《服务业创新发展大纲（2017—2025 年）》等，这一系列政策举措的有力引导，推动服务业步入发展快车道，体现了"十三五"期间党和政府驾驭经济社会发展的高超能力、贯彻落实新发展理念的坚定决心。在推进服务业扩大开放综合试点的背景下，服务业市场的扩大开放已经成为我国新一轮对外开放的重中之重。我国以北京市服务业扩大开放综合试点和综合示范区为平台，在 5 年 3 轮试点基础上，进一步聚焦数字经济、金融服务等领域的开放探索，为全国服务业扩大开放进行先行先试。国家发展和改革委员会和商务部修订发布的《外商投资准入特别管理措施（负面清单）（2020 年版）》和《自由贸易试验区外商投资准入特别管理措施（负面清单）（2020 年版）》，将条目分别缩减至 33 条和 30 条，进一步放宽了金融、教育等服务业重点领域的外资准入。另外，还印发了《国务院办公厅关于进一步做好稳外贸稳外资工作的意见》，对包括服务业在内的重点外资企业给予金融支持，鼓励外资更多投向高新技术产业，包括高技术服务业。按照国务院部署，目前正在加快修订《鼓励外商投资产业目录》，进一步扩大鼓励条目，以使服务业领域的更多外资企业享受相关的支持政策。

此外，各地区纷纷出台推动服务业创新发展政策。例如，湖南省出台《关于推进服务业创新发展的意见》，提出七大发展路径、五大平台载体等26条政策措施，助推服务业创新发展。山东省出台《山东省服务业创新发展行动纲要（2017—2025年）》，支持服务业新业态新模式发展。按照国家发展和改革委员会部署，各地区纷纷结合地区实际从体制机制、组织领导、人才、金融、土地、财税、平台及项目支撑等方面给予服务业综合改革创新试点相关政策支持，形成了一大批可复制推广的经验。

服务业综合改革试点

为进一步破除阻碍服务业发展的体制机制约束和政策障碍，探索服务业发展新模式，切实推动地方经济发展，国家发展和改革委员会于2010年11月选取了37个地区开展服务业综合改革试点，这些地区基本涵盖了我国大多数行政区划。试点确立了包括建设生产性服务业集聚发展示范区在内的5个主要任务，同时鼓励各地区因地制宜探索创新。2016年国家启动新一轮国家服务业综合改革试点。试点实施以来，形成了一批可复制推广的经验。例如，四川省成都市在全国率先出台商务写字楼等级地方标准及评定实施细则，楼宇经济工作经验编入《中国楼宇经济发展报告》在全国推广；广西壮族自治区贺州市与粤港澳大湾区打造"双飞地"产业育成模式，以贺州市为"飞入地"，探索科研孵化在粤港澳大湾区、生产转化在贺州市的"一飞地园区""飞地景区"模式，引导贺州市企业走出去；深圳市推出"保税＋社区新零售"模式，在全国率先实现了跨境电子商务、社区实体店、物流到家的优势互补、叠加创新，以"新零售"助推消费升级；上海市静安区探索开展焙炒咖啡开放式生产许可审查试点，支持星巴克开发咖啡烘焙、生产、教育、零售体验服务于一体的综合性咖啡体验业态，推动传统业态向体验式消费和服务消费转变；江苏省南京市首创"园中园"建设运营模式，采取"联合拿地、统一规划、联合建设、分割出让、统一配套、集中托管"的模式，以"中小企业联合拿地"的方式打造特色"园中园"，着力提升项目的集聚程度、运作效率。这些探索，不仅为当地经济带来了创新活力，也为全国其他地区推动服务业创新发展提供了样板和思路。

（2）服务业营商环境逐步优化。党的十八大以来，随着简政放权、放管结合、优化服务为核心的商事制度改革的不断推进，国务院在出台《优化营商环境条例》的基础上，进一步对我国营商环境加以改善和优化，包括进一步精简审批、大幅放宽服务业市场准入要求等，2020 年 5 月 18 日，中共中央、国务院发布《关于新时代加快完善社会主义市场经济体制的意见》，提出以服务业为重点试点进一步放宽准入限制。建立统一的清单代码体系、准入负面清单信息公开机制及市场准入评估制度，推进"证照分离"改革，着力"照后减证"。在"双创"（大众创业、万众创新）等大好政策支持下，制度红利有效释放，创业活力被有效激发，服务业市场主体数量由 2012 年的 722.60 万个稳步增加至 2018 年的 1715.98 万个，增加 31.37 倍，年均增速 15.51%（图 2-12）。同时，在国务院的推动下，以减税减费、降低水电气网价格和融资成本为重点的降成本工作有序推进，有效地促进了企业健康发展和经济转型升级。例如，将生活性服务业纳税人增值税加计抵减比例由 10% 提高至 15%，交通运输行业的增值税率由 10% 降至 9%，保持生产生活性服务业 6% 增值税税率不变，下调水电气等增值税等。《国务院关于减税降费工作情况的报告》显示，2019 年 4—10 月，现代服务业、生活服务业分别减税 321.96 亿元、134.9 亿元，减税幅度分别为 12.3%、6.6%；交通运输业减税 35.63 亿元，减税幅度 7.5%。减税降费明显增加了居民收入和消费能力。2019 年 1—10 月，个人所得税改革合计减税 4480.84 亿元；人均减税 1786 元。据财税部门测算，减税降费拉动 2019 年 GDP 增长 0.8 个百分点，拉动固定资产投资增长 0.5 个百分点，拉动社会消费品零售总额增长 1.1 个百分点。

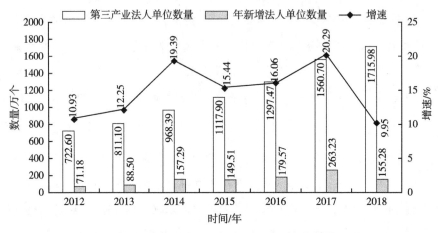

图 2-12　2012—2018 年我国第三产业法人单位数量、年新增法人单位数量及增速

数据来源：《中国第三产业统计年鉴》（2019 年）

（3）人均国民收入与服务消费占比逐步扩大。2013—2018 年我国年人均可支配收入由 18310.8 元上升至 28228.0 元，年人均消费支出由 13220.4 元上升至 19853.1 元（图 2-13）。随着居民可支配收入和生活水平不断提高，消费升级对实现经济增长的贡献越来越大，消费正在成为中国经济增长的主要贡献者，服务消费比重不断提升。在 2016—2018 年我国居民人均消费支出中，服务消费支出比重分别为 41.0%、41.4% 和 44.0%，3 年时间提高了 3 个百分点，其中，我国交通通信、文化娱乐、医疗保健占人均消费支出比重由 32.50% 上升至 33.18%。以文化娱乐、休闲旅游、健康卫生、养老照料、体育健身和亲子教育为代表的服务消费正在成为城乡居民最青睐、最活跃的消费领域，居民消费升级态势非常明显。

（4）服务业信息化发展基础逐渐完善。信息化的基础设施是服务业创新发展的重要手段。2013—2020 年我国网民规模和互联网普及率呈现出不断增加

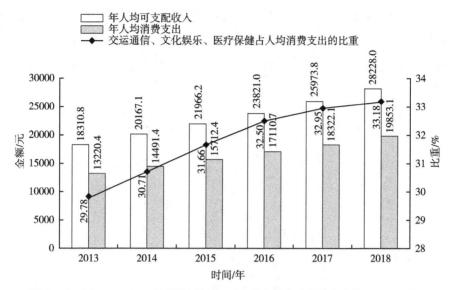

图 2-13　2013—2018 年我国年人均可支配收入、年人均消费支出及交通通信、
文化娱乐、医疗保健占年人均消费支出的比重

数据来源：《中国第三产业统计年鉴》（2019 年）

趋势。截至 2020 年 12 月，我国网民规模达到 9.89 亿人，较 2020 年 3 月增长
8540 万人，互联网普及率达 70.4%，较 2020 年 3 月提升 5.9 个百分点（图 2-14），

图 2-14　2012—2020 年我国网民规模及互联网普及率

数据来源：《中国互联网络发展状况统计报告》（第 45、第 47 次）

超过全球平均水平（59%[①]）11.4 个百分点。手机网民数量持续增长，截至 2020 年 12 月，我国手机网民规模达 9.86 亿人，较 2020 年 3 月增加 8885 万人；网民中使用手机上网的比例由 2017 年年底的 97.5% 提升至 2020 年年底的 99.7%（图 2-15）。

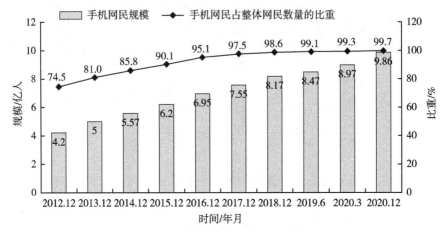

图 2-15　2012—2018 年我国手机网民规模及手机网民占整体网民数量的比重

数据来源：《中国互联网络发展状况统计报告》（第 45、第 47 次）

随着手机网民数量持续增长，我国移动支付购物市场规模不断扩大，由 2012 年的 685.7 亿元增加至 2018 年的 88547.2 亿元，增加了约 128 倍（图 2-16）。服务业信息化基础设施持续升级，显著提高服务领域资源配置效率和整体服务水平，推动服务业从规模扩张向高质量发展转变。

4. 服务业创新成效

（1）服务业劳动生产率稳步提升，相较于第二产业仍然偏低。劳动生产率是衡量经济增长质量和效益的重要指标。我国服务业劳动生产率偏低主要呈现两个方面的特点。一是服务业劳动生产率水平明显低于第二产业劳动生产率。国家统计局数据显示，2018 年我国服务业劳动生产率为 130662.42 元 / 人（图 2-17），同时期第二产业劳动生产率为 171108.42 元 / 人，服务业劳动生产率是第二产

---

① 中国网络空间研究院. 世界互联网发展报告 2020［M］. 北京：电子工业出版社，2020.

图 2-16　2012—2018 年中国移动支付购物市场规模及增长率

数据来源:《中国互联网发展报告》(2019 年)

业劳动生产率的 76.36%。二是近年来服务业劳动生产率增速呈现下降趋势,且低于第二产业劳动生产率增速。2016 至 2018 年 3 年间,我国服务业劳动生产率环比增速分别为 7.73%、7.54%、6.98%,而同期第二产业劳动生产率环比增速分别为 6.76%、14.91%、12.23%,我国服务业和第二产业劳动生产率相对差距呈现扩大的趋势。

图 2-17　2000—2018 年中国三次产业劳动生产率变化

数据来源:《中国统计年鉴》(2019 年)

（2）"独角兽"企业中从事服务业占比。从经济转型升级方面来看，"独角兽"企业推动着新旧动能转换、新经济崛起。传统企业不断整合生态圈资源，孵化"独角兽"，发展新动能；同时，跨界"独角兽"企业开拓着传统产业新市场，催生新动能。新业态"独角兽"企业在重塑行业格局、引领产业变革方面表现突出：新零售"独角兽"企业重塑传统电商价值链，引发了效率革命；智慧物流"独角兽"企业重构传统物流生态，驱动了产业升级；新文娱"独角兽"企业推动文娱科技融合，以短视频等形式引爆风口。根据长城战略咨询发布《2018年中国独角兽企业研究报告》，2018年中国"独角兽"企业数量达到202家，总估值7441亿美元；2018年中国"独角兽"企业共分布于22个行业领域，服务业"独角兽"企业占比达到80%，电子商务、智慧物流、新文娱、人工智能、新能源与智能网联汽车"独角兽"企业数量分列前5位。与2017年相比，人工智能、智慧物流、新能源与智能网联汽车和大数据领域"独角兽"企业数量增长较快，其中人工智能领域"独角兽"企业数量从6家上升到17家，智慧物流领域"独角兽"企业数量从11家上升到19家；新能源与智能网联汽车领域"独角兽"企业数量从9家上升到14家，大数据领域"独角兽"企业数量从4家上升到8家（图2-18）。

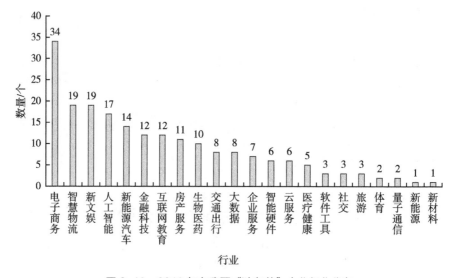

图2-18 2018年在我国"独角兽"企业行业分布

数据来源：《2018年中国独角兽企业研究报告》

（3）规模以上服务业企业实现创新情况。2018 年我国规模以上服务业开展创新活动的企业数量为 97927 家，新产品销售收入 79649.2 亿元，占主营业务收入的 10.0%；而同时期我国工业企业开展创新活动的企业数量为 196232 个，新产品销售收入 197094.1 亿元，占主营业务收入的 19.0%。可以看出，我国服务业企业创新与制造业相比，差距较大。从实现创新企业占比来看，我国服务业实现创新的企业占比为 28.7%，低于工业 19.3 个百分点。此外，服务业实现组织创新和营销创新的企业占比比实现产品和工艺创新的企业占比高 14.8 个百分点（表 2-2）。与制造业相比，我国服务业创新主要以商业模式创新为主，创新密度不强，原始创新能力较弱，伴随着消费的升级和互联网全面渗透至经济生活各个领域，服务业企业的成长正由"互联网 +"，走向"科技 +""金融 +""物流仓储 +""大数据 +"。在这一阶段，企业竞争的制高点将是核心技术和基础

表 2-2 2018 年我国规模以上服务业创新情况及与其他产业的比较

	合计	工业	建筑业	服务业	高技术产业
开展创新活动的企业数量 / 个	307610	196236	13447	97927	25546
开展创新活动企业占比 /%	40.8	52.4	28.5	29.4	76.2
实现创新企业占开展创新活动企业的比重 /%	38.2	48.0	27.6	28.7	70.4
开展产品或工艺创新活动企业数量 / 个	213358	161333	6924	45101	23767
开展产品或工艺创新活动企业占比 /%	28.3	43.0	14.7	13.6	70.9
实现产品或工艺创新企业占开展产品或工艺创新企业的比重 /%	24.3	36.8	12.5	11.8	62.1
新产品销售收入 / 亿元	318301.4	197094.1	41558.1	79649.2	56894.2
新产品销售收入占主营业务收入的比重 /%	15.8	19.0	22.6	10.0	36.8
实现组织或营销创新企业数量 / 个	236574	136211	11770	88593	18060
实现组织或营销创新企业占比 /%	31.4	36.3	24.9	26.6	53.9

数据来源：《全国企业创新调查年鉴》（2018 年）

研究，商业模式创新能否持续成功取决于科技含量、技术的投入，技术投入必须与商业模式创新并重，才能让服务业企业拥有持续不断的创新动力。

（4）服务业对经济增长的拉动作用越来越凸显。从 2012—2018 年三次行业贡献率[①] 来看，服务业对经济增长的作用越来越明显，日益成为国民经济增长的新动力。从经济贡献率来看，2012 年服务业对国民经济贡献率为 45%，低于第二产业对经济的贡献率；从 2015 年开始服务业对国民经济的贡献率超过第二产业；2018 年我国服务业增长对国民经济的贡献率为 59.7%，比 2017 年提高 0.1 个百分点，比第二产业高 23.6 个百分点（图 2-19）；拉动全国 GDP 增长 3.9 个百分点，比第二产业高出 1.5 个百分点。服务业对国民经济各领域的影响越来越大，在经济增长、就业、外贸、外资等方面继续发挥着"稳定器"的作用。

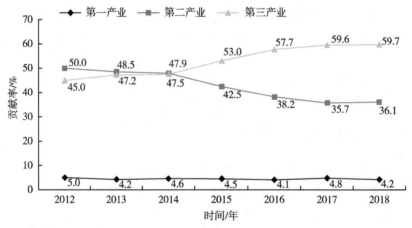

图 2-19　2012—2018 年全国三次产业行业贡献率

数据来源：《中国统计年鉴》（2018 年）

（5）服务贸易总额不断扩大。近年来，我国服务贸易总额持续扩大。2014—2018 年我国服务进出口总额由 6520.2 亿美元上升至 7918.8 亿美元（图 2-20）。随着我国对外开放格局的进一步优化，服务贸易的结构也在持续改善。2014—2018 年我国电信、计算机和信息服务总额由 184.0 亿美元上升至 470.6 亿美元

---

① 贡献率是指三次产业或主要行业增加值增量与 GDP 增量之比。

（图2-21），知识产权使用费总额由6亿美元上升至55.6亿美元。在中国第四届进口博览会上，我国明确提出将大幅度放宽金融业市场准入，创造更具吸引力的投资环境，吹响了服务业进一步加快开放的新号角，这也必将带来服务业新的增长。

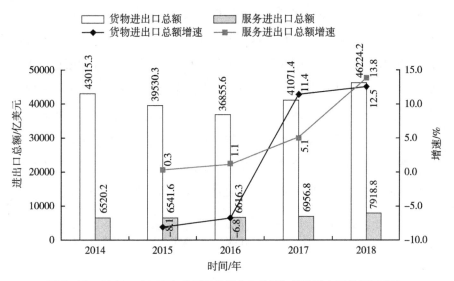

图 2-20　2014—2018 年我国服务进出口总额与货物进出口总额及增速

数据来源：《中国统计年鉴》（2015—2019 年）

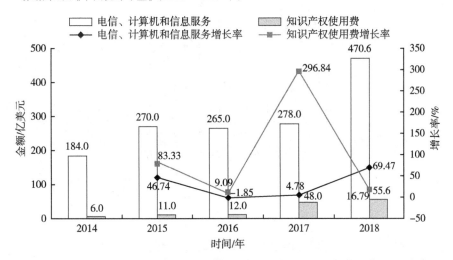

图 2-21　2014—2018 年我国电信、计算机和信息服务与知识产权使用费总额及增长率

数据来源：《中国统计年鉴》（2015—2019 年）

（二）国内各省份服务业创新发展现状

1.服务业创新投入

（1）科学研究和技术服务业及信息传输、软件和信息技术服务业就业人员。高素质劳动力是服务业创新发展的重要人力资本支撑。由于科学研究和技术服务业及信息传输、软件和信息技术服务业就业人员素质要求高，且现代产业体系的构建离不开科学研究和技术服务业及信息传输、软件和信息技术服务业的支撑与引领，本课题以这两个行业从业人员近似替代服务业创新发展的人员来进行区域比较。从各地区这两个行业的就业人员总数来看，广东省、北京市、江苏省、上海市、山东省、河南省、浙江省等地区集聚了全国一半以上的就业人员。总体来看，我国服务创新发展方面的就业人员整体上呈阶梯状分布，即东部最多，其次是中部地区，最后是东北部及中西部地区（图 2-22）。

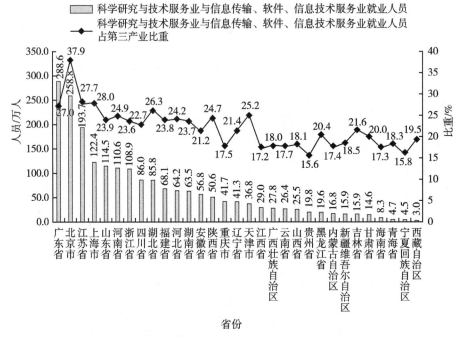

图 2-22　2018 年我国各省份科学研究和技术服务业与信息传输、软件和信息技术服务业就业人员及占服务业就业比重

数据来源：《中国第三产业统计年鉴》（2019 年）

（2）孵化器、众创空间获得的风险投资。孵化器、众创空间等是服务创新创业的重要载体，风险投资更倾向支持那些具有较高技术吸收整合能力或较大市场影响范围的初创企业[①]。从各地区孵化器及众创空间的融资情况来看，北京市、上海市、广东省是获得风险投资较多的地区，这些地区也是创新创业的热点区域；而中部地区的安徽省与山西省，西部地区的青海省、云南省、甘肃省、新疆维吾尔自治区、广西壮族自治区、西藏自治区获得风险投资较少（图2-23）。

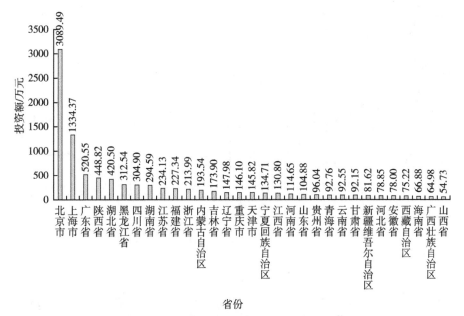

图2-23　2018年孵化器、众创空间单位企业获得的风险投资

数据来源：《中国科技统计年鉴》（2019年）

（3）科学研究和技术服务业及信息传输、软件和信息技术服务业固定资产投资。以科学研究和技术服务业及信息传输、软件和信息技术服务业为例来比较不同区域服务业领域的固定资产投产情况。统计数据监测结果显示，山东

---

①　张根名，李琳. 孵化器、风险投资与创业绩效关系的实证研究［J］. 科技进步与对策，2010（17）：94-98.

省、江苏省、湖南省、河南省、河北省排在前5位，排名靠后的是云南省、山西省、甘肃省、青海省等。从科学研究和技术服务业及信息传输、软件和信息技术服务业固定资产投资占服务业固定资产总投资比重来看，比重较高的省份主要是黑龙江省、吉林省、湖南省、宁夏回族自治区等（图2-24）。可以看出，东部地区依然是服务创新发展主阵地，但中西部地区的增长明显较快。

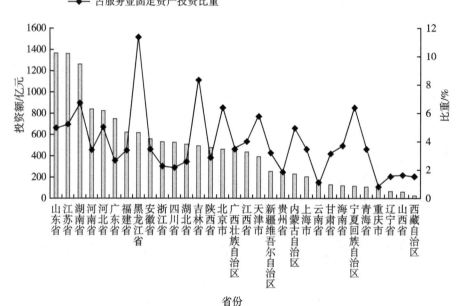

图2-24　2018年我国各省份科学研究和技术服务业及信息传输、软件和信息技术服务业
固定资产投资及占服务业固定资产总投资比重

数据来源：《中国社会统计年鉴2019》

（4）服务业实际利用外商投资[①]。外商直接投资对区域创新能力具有较强的溢出效应，可用来衡量服务业创新资源投入水平。2018年，外商投资服务业较高的区域主要集中在东部沿海地区；中西部地区及东北部地区的吉林省服务业

---

① 侯润秀，官建成. 外商直接投资对我国区域创新能力的影响［J］. 中国软科学，2006（5）：104-111.

外商投资较少（图2-25）。其主要原因在于服务业领域外商投资往往都集中在研发设计、会计核算、品牌营销等高附加值领域，属于企业的核心竞争力，而跨国公司对核心商业竞争力保密性要求十分严格。同时，跨国公司对我国的投资一直偏向于我国东部地区的制造行业，服务业投资也是首先进入这些地区，因为生产性服务业均属于为制造业提供配套支撑的新兴行业。跨国公司投资地区选择不平衡，结构比较单一。与此同时，服务业发展水平也是导致我国服务业外商投资"东强西弱"阶梯差异的重要原因。随着我国东部地区专业化程度加深，产业的集聚化推动了专业化程度较高的产业群的形成，这降低了跨国公司的交易成本，再加上基础设施的建设和便捷的物流体系，为吸引外商直接投资奠定了坚实基础。

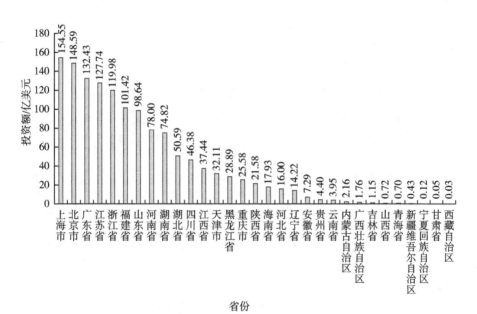

图 2-25　2018 年我国各省份服务业利用外商投资

数据来源：2018 年各省份统计年鉴

2.服务业创新发展环境

（1）人均收入水平。服务业的发展还受到宏观经济环境的影响。方远平和杨伟铭[①]的研究也表明宏观经济形势变动与服务业的结构变化之间存在密切关系。2018 年，全国人均收入 28228.0 元，高于全国平均水平的主要集中在东部沿海地区及西北部的内蒙古地区。其中，上海市、北京市居民人均可支配收入分别达到 64182.6 元、62361.2 元，突破 6 万元大关（图 2-26）。浙江省居民人均可支配收入达到 45839.8 元，属于"4 万元俱乐部"的唯一成员。作为西北部唯一人均可支配收入超过全国平均水平的地区，内蒙古自治区 2018 年实现人均可支配 28375.7 元，位列全国第 10 位。总体来看，中西部地区人均收入水平低于全国平均水平，经济发展水平较低，在一定程度上导致对服务业尤其是高端新型服务业的需求和消费能力较低。

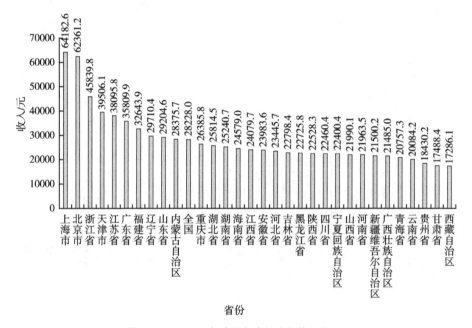

图 2-26　2018 年我国各省份人均收入水平

数据来源：《中国统计年鉴》（2019 年）

（2）互联网普及率。互联网普及率一定程度上可以反映信息化水平，是衡量一个地区社会经济发展状况和信息化创新驱动力的重要指标。信息技术催化

① 方远平，杨伟铭. 宏观经济波动与服务业结构变动的相关分析 [J]. 产经评论，2013（4）：5-13.

现代服务业创新，数字和智能科技与经济和社会的融合发展，创造出一系列新产品、新服务、新产业和新业态，如网上订餐、订票、快递、旅游服务和个性化定制在内的各种服务。从各省份互联网普及水平来看，2018 年全年通过网宿平台监测到的全国独立 IP 数超过 2.4 亿个，全国互联网普及率为 59.6%。其中，互联网普及率排名前 5 位的省份为北京市、上海市、广东省、福建省、天津市。值得注意的是，在互联网普及率超过 55% 的 16 个省份中，山西省、新疆维吾尔自治区、青海省、陕西省、湖北省、重庆市等中西部省份的互联网发展状况颇为亮眼，河南省、四川省、西藏自治区、甘肃省、云南省等地的互联网普及率发展相对缓慢（图 2-27）。

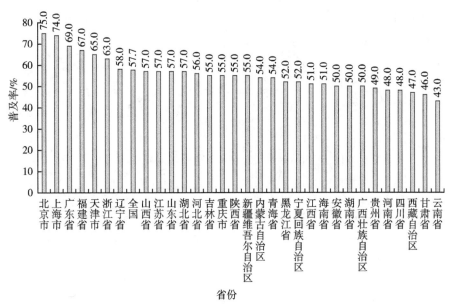

图 2-27　2018 年我国各省份互联网普及率

数据来源：《网宿·中国互联网发展报告》（2018 年）

（3）各省份开展服务业创新的企业数及占比。开展创新活动和开展技术创新活动的企业数量占全部调查企业总数的比重反映了各省份企业开展各类创新及技术创新的活跃程度，也间接体现各省份创新环境的优化。从开展创新的企业数来看，2018 年，我国规模以上服务业开展创新活动较为密集的前 5 个省份为广东省、江苏省、浙江省、北京市、山东省。其中，广东省规模以上服务业开展创新活动企业数优势明显，是江苏省的 1.53 倍，浙江省的 2 倍，北京市的 2.11 倍。排名靠前的还有福建省、上海市、河南省、湖北省、四川省。从区域分布来看，企业创新的活跃程度从高到低依次为东部、中部、东北部和西部地区。从规模以上服务业开展创新活动企业数占总企业比重来看，排名前 5 位的省份依次为北京市、四川省、陕西省、海南省、安徽省，开展创新活动的企业比重均在 33% 以上。东北部地区与其他地区企业创新的活跃程度存在明显差距，其中黑龙江省、辽宁省、吉林省的排名均比较靠后（图 2-28）。

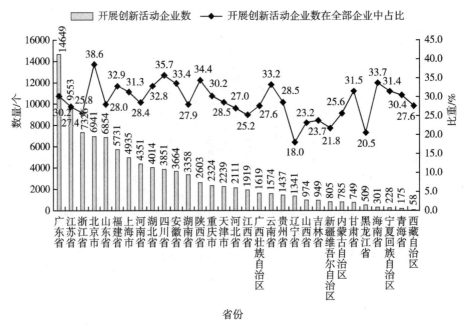

图 2-28　2018 年我国各省份规模以上服务业开展创新活动的企业数及占全部企业比重

数据来源:《全国企业创新调查年鉴》(2019 年)

（4）当年新增服务业企业数及增速。从规模以上服务业市场主体数量来看，2018 年我国广东省、湖北省新增规模以上服务业企业数量均超过 1000 家，其中，广东地区新增规模以上服务业企业数量排名全国第 1。湖北省、浙江省、湖南省、陕西省、北京市、上海市等地新增规模以上服务业企业也都超过 300

家。从增速来看，湖北省规模以上服务业企业数量增速排名全国第1。青海省、宁夏回族自治区、福建省、天津市、重庆市、山东省、吉林省、河南省的规模以上服务业企业数量同比有所下降，其中河南省、吉林省、山东省规模以上服务业企业数较上年减少较多，分别减少了1050家、946家、859家（图2-29）。

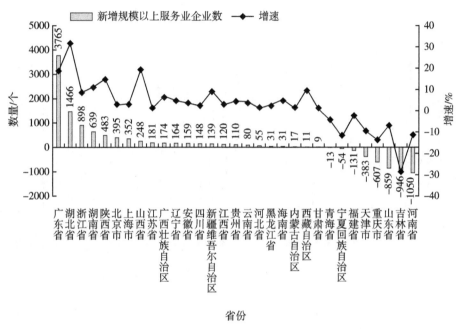

图2-29　2018年我国新增规模以上服务业开展企业数及增速

数据来源：《全国企业创新调查年鉴》（2019年）

（5）知识密集型服务业区位熵。服务产品具有无形的特征，因此服务创新更依靠隐性知识。服务产业集群为隐性知识的传播提供了良好的平台。夏杰长等[1]指出中国各省份知识密集型服务业具有很强的空间关联性，知识密集型服务业集聚通过技术溢出效应显著促进区域创新，也通过规模经济效应促进区域创新。本课题采取知识密集型服务业区位熵来测算全国各省份知识密集型服务

① 夏杰长，丰晓旭，姚战琪．知识密集型服务业集聚对中国区域创新的影响［J］．社会科学战线，2020（3）：60-69.

业产业集聚程度。测算结果显示，北京市、江苏省、上海市、浙江省、广东省、四川省知识密集型服务业区位熵系数大于1，形成了较好的集聚态势；湖南省、湖北省、天津市、河南省知识密集型服务业区位熵系数等于1；而其他省份知识密集型服务业区位熵系数均小于1。整体来看，东部地区知识密集型服务业集聚程度要大于中部和西部地区（图2-30）。

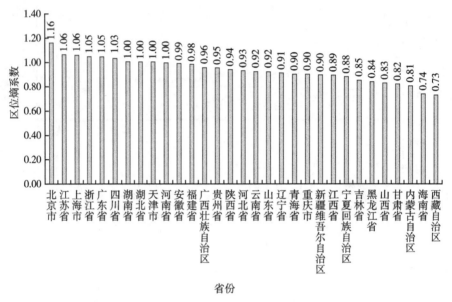

图2-30　2018年我国各省份知识密集型服务业区位熵系数

数据来源：《中国统计年鉴》（2019年）

3.服务业创新产出

（1）服务业劳动生产率。从2018年我国各省份服务业劳动生产率来看，上海市排名第1，为250468元/年，相当于全国平均水平的2.2倍；其次是北京市、江苏省、广东省；排名后5位的是青海省、河北省、安徽省、云南省和西藏自治区（图2-31）。服务业劳动生产率较高的上海市、北京市、广东省等地区平均要高于服务业劳动生产率较低地区的2.5倍以上，这说明我国服务业劳动生产率区域差距较大。

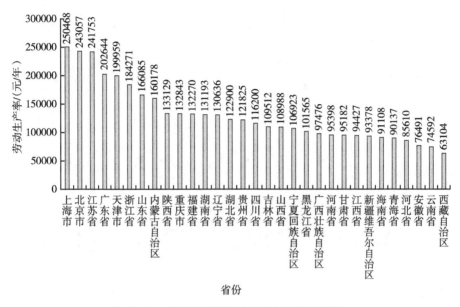

图 2-31　2018 年我国各省份服务业劳动生产率

数据来源：《中国统计年鉴》（2019 年）

（2）服务业新产品销售收入及占比。新产品（服务项目）的开发代表着企业的未来，新产品（服务项目）销售收入占主营业务收入的比重越高意味着企业未来发展后劲越足。2017 年规模以上服务业实现新产品销售收入排名前 10 位的省份为广东省（16277.5 亿元）、上海市（12229.1 亿元）、北京市（10430.4 亿元）、浙江省（6746.6 亿元）、江苏省（6187.0 亿元）、湖北省（3480.0 亿元）、山东省（3030.6 亿元）、福建省（2451.1 亿元）、云南省（2119.4 亿元）、天津市（1711.5 亿元）。说明服务业创新水平较高的地区主要集中于东部沿海地区；而服务业创新发展水平较低的地区主要集中在西部地区（甘肃省 444.0 亿元、内蒙古自治区 185.9 亿元、宁夏回族自治区 51.4 亿元、青海省 139.0 亿元）及东北部地区（辽宁省 813.7 亿元、吉林省 183.2 亿元、黑龙江省 806.0 亿元）。从新产品销售收入占主营业务收入比重来看，西藏自治区、云南省、湖北省、黑龙江省、海南省新产品销售总量并不高，但占主营业务收入比重表现较高，分别为 19.9%、18.8%、15.3%、12.4%、10.3%，表现出较强的发展后劲（图 2-32）。

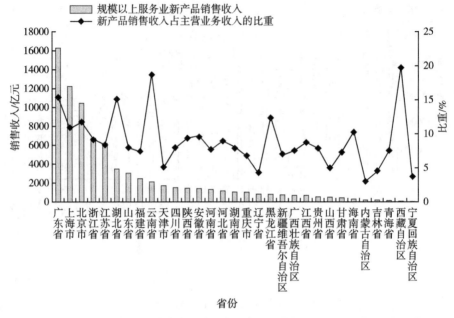

图 2-32　2017 年我国各省份规模以上服务业新产品销售收入及占主营业务收入比重

数据来源:《全国企业创新调查年鉴》(2018 年)

（3）知识密集型服务业增加值占 GDP 比重。知识密集型服务业是现代产业创新发展的重点领域，做强知识密集型服务业，占领各类专业知识生产的源头和掌控知识与信息交换的区域枢纽成为决定大都市核心竞争力的关键。根据《中国区域科技创新评价报告》(2018 年)[1]，2017 年我国知识密集型服务业增加值占 GDP 比重排名第 1 的是北京市，比重为 44.52%，高于上海市 12.42 个百分点；其次是上海市、天津市及重庆市；中部地区的河南省、湖南省、江西省的排名靠后（图 2-33）。

（4）规模以上服务业实现产品创新企业数及本企业独立研发占比。在有创新活动的企业中，一些企业已成功实现了创新，有的企业还在开展创新活动。创新活动可能成功，可能失败，也可能尚未取得结果。2018 年规模以上服务业企业实现产品创新的企业数量排名前 6 位的省份分别为广东省、北京市、江

---

① 该报告中各省份统计年鉴关于第三产业分行业增加值数据更新至 2017 年。

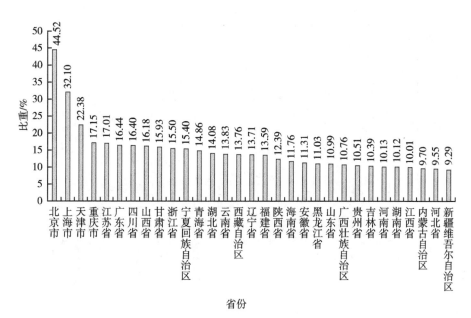

图 2-33　2017 年我国各省份知识密集型服务业增加值占 GDP 比重

数据来源：《中国区域科技创新评价报告》（2018 年）

苏省、浙江省、上海市和山东省，这 6 个省份服务业实现产品创新企业数占我国规模以上服务业实现产品创新的企业数的 57.1%。可以看出，东部地区规模以上服务业实现产品创新的企业数最高；中部地区规模以上服务业实现创新的企业数也比较高，湖北省、河南省、安徽省、湖南省等地实现创新企业数约占我国规模以上服务业实现创新的企业数的 14.5%；东北部和西部地区规模以上服务业实现创新的企业数较低，西部地区的新疆维吾尔自治区、青海省、内蒙古自治区、甘肃省、宁夏回族自治区等地规模以上服务业实现创新的企业数仅占我国规模以上服务业实现创新的企业数的 1.8%，东北部地区的辽宁省、黑龙江省、吉林省规模以上服务业实现创新的企业数仅占全国的 2.4%。从各省份规模以上服务业本企业独立研发占比来看，北京市、上海市、广东省、天津市、江苏省、浙江省本企业独立研发占比在 65% 以上，说明这些省份对自主创新的重视程度最高（图 2-34）。

（5）规模以上服务业企业实现净利润。净利润是一个企业经营的最终成

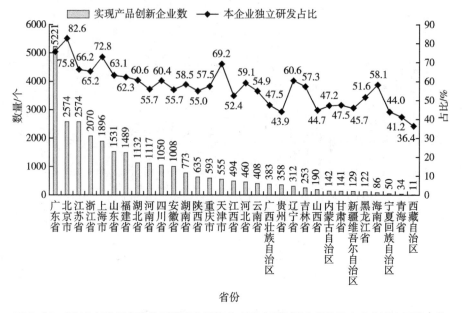

图 2-34　2018 年我国各省份规模以上服务业实现产品创新企业数及本企业独立研发占比

数据来源:《全国企业创新调查年鉴》(2019 年)

果,净利润多,说明企业的经营效益就好。我国规模以上服务业单个企业平均实现利润排名前 5 位的是北京市、上海市、浙江省、广东省、云南省,而我国东北部地区规模以上服务业单个企业平均实现净利润接近于零或为负数,企业处于亏损状态。此外,我国西部地区的宁夏回族自治区、青海省和西藏自治区的规模以上服务业实现净利润为负数,处于亏损状态,企业经营效益较差(图 2-35)。

4. 服务业创新成效

(1) 两化融合水平。信息化、工业化(两化)在技术、产品、管理等各个方面相互渗透和融合,有利于提升制造业生产效率,改进产品质量,并催生工业电子、工业软件、工业信息服务业等新产业。而要实现两化融合则需要大力培育和发展现代生产性服务业。从某种程度上来说,区域两化融合的水平也代表了地方生产性服务业发展的成效。《中国两化融合发展数据地图》(2018)数据显示,得分最高的是山东省,为 60.5%,排名全国第 1 位;后面依次是上海市、江苏省、广东省、北京市、重庆市、天津市、福建省、浙江省等,主要集

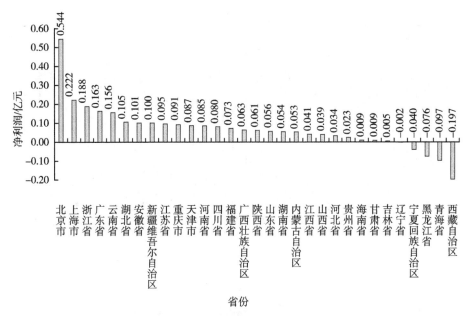

图 2-35　2018 年我国各省份规模以上服务业单个企业平均实现净利润

数据来源:《中国第三产业统计年鉴》(2019 年)

中在东部地区；除四川省和重庆市外，中西部和东北部地区得分均低于 52.0%（图 2-36）。服务型制造是制造业和服务业深度融合的新型制造模式和产业形态，从各省份服务型制造的企业占比来看，浙江省排名第 1，为 43.5%，涌现了浙江中之杰智能系统有限公司、报喜鸟集团有限公司、杭州制氧机集团股份有限公司、宁波海天集团股份有限公司等一批企业，形成了良好的服务型制造生态。江苏省和山东省服务型制造业企业的占比也在 35% 以上（图 2-37）。中西部地区的四川省、重庆市、安徽省、河南省、湖南省、江西省、陕西省等也在蓄势发力，服务型制造发展成效显著。从区域发展角度来看，东部地区依托特色产业集聚基础和数字化技术深度应用，通过构建现代产业体系，推动服务型制造快速发展；中部地区依托产业特色发展特色服务，深挖发展潜力，拓展产业升级空间；西部地区发展呈现不均衡特征，四川省、重庆市、宁夏回族自治区、陕西省等地通过加强政策引导、推进制造与信息技术融合、布局推动聚集发展等举措，使其服务型制造发展水平领跑西部地区。

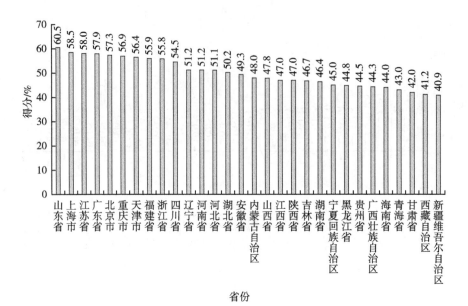

图 2-36　2018 年我国各省份两化融合水平

数据来源:《中国两化融合发展数据地图》(2018)(缺部分省份数据)

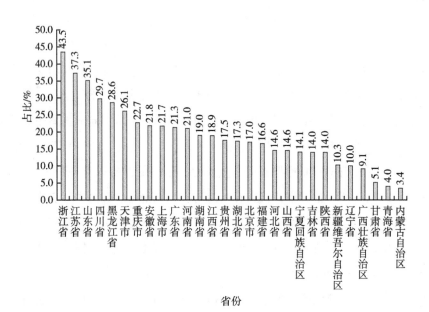

图 2-37　2018 年我国各省份开展服务型制造的企业占比

数据来源:《中国两化融合发展数据地图》(2018)(缺部分省份数据)

（2）社会积累率。社会积累率用于衡量服务业对经济的社会贡献[①]，是指服务业企业在一定时期对整个社会的贡献。从 2018 年服务业社会积累率来看，北京市、上海市、江苏省、云南省、天津市等地服务业企业的社会积累率排在前 5 位，对民生改善及社会发展促进作用较强，北京市处于明显的领先地位；服务业社会积累率较低的地区主要集中在东北部和西北地区，整体上呈现阶梯状发展趋势（图 2-38）。

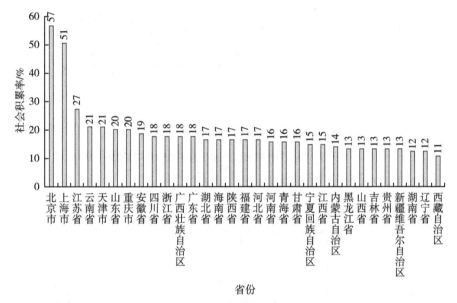

图 2-38　2018 年我国各省份服务业社会积累率

数据来源：《中国第三产业统计年鉴》（2019 年）、《中国税务统计年鉴》（2019 年）

（3）服务业进出口总额。从各省份服务业进出口总额来看，上海市、北京市、广东省大幅领先其他省份，三地合计占我国服务业进出口总额的比重超过60%。江苏省、山东省服务业进出口总额超 600 亿美元，分别位居第 4、第 5位；浙江省服务业进出口总额超 500 亿美元，福建省、天津市、四川省、辽宁省、湖北省服务业进出口总额均超过 100 亿美元，其他省份服务业进出口总额较低。总体来看，呈现出从东到西依次递减的阶梯状分布（图 2-39）。

──────────

① 社会积累率＝上缴利税收入／（企业增加值－折旧）×100%。

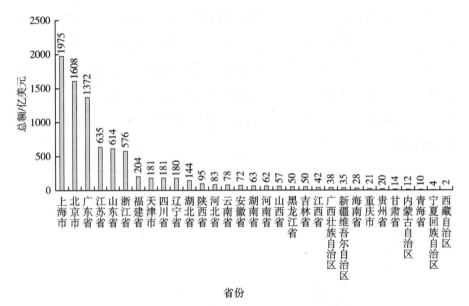

图 2-39　2018 年我国各省份服务业进出口总额

数据来源：各省份统计局公开数据

（三）服务业创新发展国际比较

1.服务业创新环境

（1）经济发展水平。世界银行数据显示，2017 年全球各国人均调整国民收入净额高于世界平均水平的主要集中于北美洲和欧洲。其中，瑞士实现人均调整国民收入净额 64306.96 美元，是世界平均水平 8826.15 美元的 7.29 倍；挪威和卢森堡的人均调整国民收入净额均超过 6 万美元；而我国人均调整国民收入净为 6567.93 美元，为中等收入国家。相对于欧美发达国家、亚洲的日本和韩国来说，我国人均调整国民收入净额较低，在金砖国家中，仅高于印度和南非（图 2-40）。

（2）基础设施建设。由于贸易和运输便利性是刺激经济发展的核心，一些国家制定了全面的国家物流战略。低效的物流会提高服务业企业经营的成本，降低跨国和国内一体化的潜力。从 2017 年全球各个国家和地区的贸易和运输基础设施绩效指数得分情况来看，经济发达国家和地区的全球贸易和运输基础

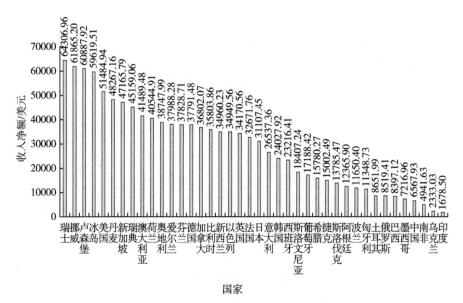

图 2-40 2017 年世界各国人均调整国民收入净额

数据来源：World Bank Open Data

设施绩效表现持续居于领先地位。截至 2017 年，德国连续 3 次位居全球贸易和运输基础设施绩效指数排名第 1。总体来看，欧洲、北美洲、东亚各国表现突出，中国的贸易和运输基础设施绩效指数得分是 3.75，与周边地区、同等收入水平国家及其他金砖国家相比，中国已经处于相对领先的地位，但与发达经济体之间还有较大差距。其中，排名前 30 位国家和地区的贸易和运输基础设施绩效指数平均得分为 3.86 分，高于中国 0.11 分。对比中德两国情况，贸易和运输基础设施绩效指数得分差也达到了 0.62 分（图 2-41）。

（3）营商环境。服务业具有制度密集型特征，即服务业对制度高度敏感和依赖，同时又是制度的载体，制度和营商环境对服务业发展有重要的影响。江静基于 2003—2016 年世界银行公布的《全球营商环境报告》的实证研究表明，制度环境的确可以影响服务业占 GDP 的比重[1]。《全球营商环境报告》（2018年）数据显示，从 2017 年世界各国营商环境前沿距离分数来看，新西兰、新

---

① 江静．制度、营商环境与服务业发展：来自世界银行《全球营商环境报告》的证据［J］．学海，2017（1）：176–183.

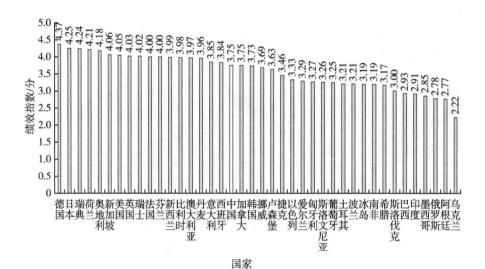

图 2-41 2017 年世界各国贸易和运输基础设施绩效指数

数据来源:《世界银行物流绩效指数》(2018 年)

加坡、丹麦、韩国、挪威、美国、英国、瑞典、芬兰、澳大利亚等排名前 10
位, 经商便利度分数均在 80 分以上。我国经商便利度分数世界排名第 46 位,
为 73.64 分, 在金砖国家中, 低于俄罗斯, 高于印度、南非、巴西 (图 2-42)。

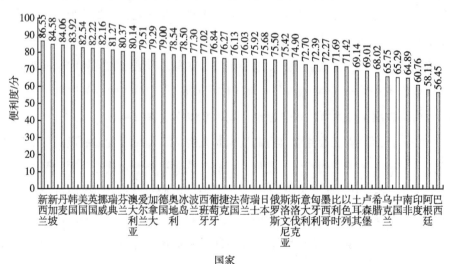

图 2-42 2017 年世界各国经商便利度得分

数据来源: Doing Business 2018: Reforming to Great Job

与这些国际营商环境优异的经济体横向比较，中国营商环境还存在短板和不足。近年来，虽然我国政府出台了各种放管服改革及减税降费和技术创新等相关政策，积极推动服务业高质量发展和促进制造业与服务业融合发展，但由于服务业涉及领域众多，现有政策过于宽泛，尚缺乏精准性。因此，我国政府在制定服务业政策时，除了放松服务业管制、税收优惠等常规的政策手段外，还应该关注其营商环境的主要短板，尤其是要在产权保护、投资者保护、加大合同执行力度、缓解融资约束等方面做出努力。

2. 服务业创新投入

（1）服务业研发投入。科学研究与试验发展（简称"研发"）经费投入强度是衡量一个国家或地区的研发投入力度、评价一个国家或地区经济增长方式的重要指标。根据 OECD 的公开数据，2017 年，大多数国家的研发经费中企业执行的经费占比最大，而且从企业执行的研发经费中用于服务业领域研发的占比也较大。因此，用企业执行的研发经费中用于服务业研发的部分作为服务业研发投入的指示变量。2017 年美国服务业研发经费投入为 1376.08 亿美元，排名世界第 1，占据全球服务业研发经费投入较大份额。排在第 2～10 位的是冰岛、法国、日本、以色列、德国、英国、加拿大、澳大利亚、瑞典，多数为北美洲、欧洲国家。亚洲地区国家服务业研发投入整体上较低，除排在第 4 位的日本外，韩国 46.18 亿美元、新加坡 19.85 亿美元、中国 3.53 亿美元（2016 年数据）（图 2-43）。与发达经济体相比，我国服务业研发经费投入较低，科技创新对服务业的贡献率有待进一步提升。

（2）服务业就业人员。服务业的创新发展有赖于具有高技术的创新型人才。从 2017 年世界各国服务业从业人员占就业人数的比例来看，卢森堡排名第 1，为 87.85%；新加坡、美国分别排第 2、第 3 位，我国服务业就业人数占总就业人数的 44.04%。本研究以科学研究和技术服务业、信息传输、软件和信息技术服务业从业人员等知识密集型服务业从业人员总和占服务业就业人员比例来近似替代服务业创新人才投入。结果显示知识密集型服务业人员占比排名第 1 位的是卢森堡，占比为 48.32%；后面依次是冰岛、瑞典、以色列、新加坡、美国、英国、瑞士、斯洛文尼亚、捷克、波兰、芬兰、新西兰、比利

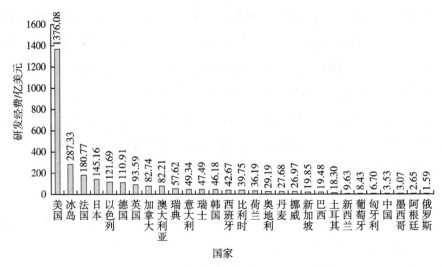

图 2-43　2017 年世界各国服务业研发经费投入

数据来源：OECD. Stat

时、韩国、爱尔兰、俄罗斯、澳大利亚、匈牙利、荷兰，占比均在 40% 以上；日本为 34.81%。我国为 28.55%，与发达经济体相比差距较大，也低于印度、俄罗斯、巴西、南非等金砖国家（图 2-44），说明我国服务业创新人才还存在

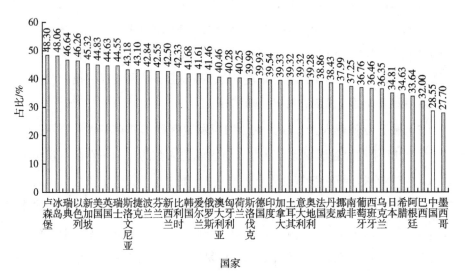

图 2-44　2017 年世界各国知识密集型服务业就业人员占服务业就业人数的比例

数据来源：OECD. Stat

较大缺口。人才是服务业发展的生命线，也是提升服务业劳动生产率的基础。近年来，随着服务业发展规模的扩大及服务业转型升级的推进，人才短缺对我国服务业发展和转型升级的制约日趋突出。

（3）信息化投入。信息技术在服务业中的广泛应用推动服务理念、服务业态和服务模式发生了深刻变化。信息化不仅是服务业发展的新动力，更为重要的是它打破了服务业原有的发展范式和产业格局。2017年参与信息通信技术发展指数（IDI）排名的国家和地区有176个，我国排名全球第80位，分值达到5.60（全球平均水平5.11），成为全球进步最快的10个国家之一。但是我国固定宽带资费占人均国民总收入比例为2.4%，显著低于亚太地区平均水平（14.5%）和世界平均水平（13.9%）；移动宽带资费（1GB）占人均国民总收入比例为1.1%，也显著低于亚太地区平均水平（5.4%）和世界平均水平（6.8%）。数字生活指数反映了信息技术在居民中的扩散和普及程度。《2017年全球信息社会发展报告》数据显示，世界各国数字生活指数得分最高的国家是卢森堡，得分为0.9604，而我国为0.5443，差距很大（图2-45）。对此，我国应进一步强化5G、人工智能等新一代信息化基础设施建设，大力发展数字经

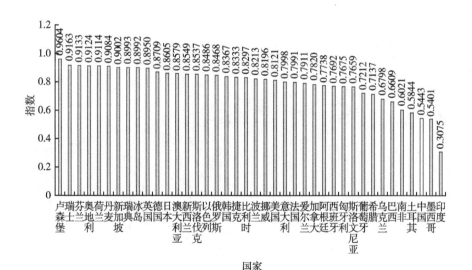

图2-45　2017年世界各国数字生活指数

数据来源：《全球信息社会发展报告（2017）》

济，推进信息技术更加广泛而深入的应用，以缩小与发达国家和其他发展中国家的差距。

3. 服务业创新产出

（1）服务业劳动生产率。服务业创新能力的成长有利于提高服务业劳动生产率。服务业劳动生产率的提高，也在很大程度上反映和影响着服务业创新能力的成长。世界银行的公开数据显示，2017年世界各国服务业劳动生产率最高的国家是卢森堡，为207682.61美元／人，是我国的14.73倍。瑞士排第2位，为128625.65美元／人；美国排第6位，为106099.91美元／人，是我国的7.52倍。我国服务业劳动生产率为14103.85美元／人，低于世界平均水平，与北美洲、欧洲的发达国家存在较大的差距。在金砖五国中仅高于印度（图2-46）。长期下去，不仅会显著增加我国服务业企业吸引人才的难度，导致人才大量外流，并导致我国服务业企业在国际竞争中陷入被动，明显增加部分行业被跨国公司兼并收购或垄断的风险，甚至加剧国内服务业企业在国际市场被边缘化的风险。

（2）人均服务业增加值。对比世界各国第三产业增加值，我国服务业增加值排第2位，仅次于美国。但从服务业人均增加值来看，2017年世界人均服务

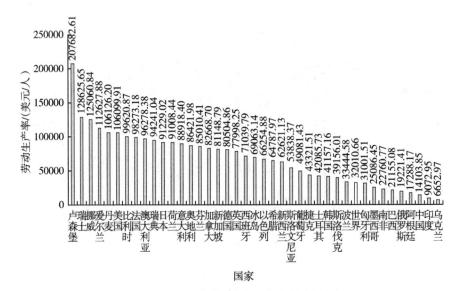

图2-46　2017年世界各国服务业劳动生产率

数据来源：国际劳工组织（International Labour Organization）官网公开数据

业增加值最高的是卢森堡，为 85382.72 美元；后面依次是瑞士、冰岛、美国、新加坡、挪威。在亚洲国家中，新加坡排名第 5 位，日本排名第 21 位，韩国排名第 24 位；而我国服务业人均增加值为 4678.11 美元，排名第 37 位，仅占卢森堡的 5.47%。在新兴经济体中，我国服务业人均增加值低于巴西、俄罗斯，高于南非及印度。总体来看，我国服务业发展水平偏低，远低于欧美及亚洲的发达国家（图 2-47）。

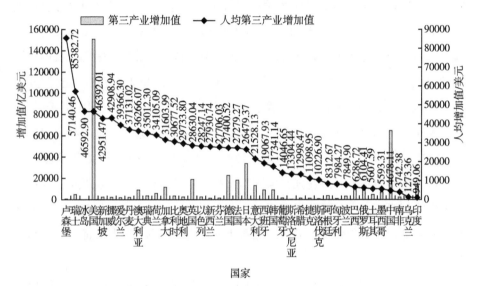

图 2-47　2017 年世界各国服务业增加值及人均增加值

数据来源：World Bank Open Data

（3）服务贸易国际竞争力。随着全球经济一体化的快速发展，世界贸易结构也在发生变化，服务业在各国贸易篮子中所占比例越来越大。根据世界银行的数据，2017 年美国服务贸易总额为 13428.41 亿美元，是全球第一大服务贸易国，是中国服务贸易总额的近 2 倍。从全球来看，美国、英国、法国、荷兰、印度、西班牙等发达国家是服务贸易顺差国，我国是服务贸易逆差国。我国服务贸易发展总体水平不高，尤其是金融、信息服务、商务服务、教育和医疗等知识密集型服务行业占 GDP 的比重大幅低于美国、日本等发达国家，也低于全球平均水平。从服务贸易结构看，我国服务贸易顺差主要来源于电信、计算机和信息服务；逆差主要来源于旅行（含留学、旅游、就医）、知识产权、运输。总体来看，我国知识、技术、资本、环境密集型服务总体竞争力不足。2017年服务贸易逆差为158亿美元，2018年增至235亿美元。从服务贸易竞争力指数①来看，我国服务贸易总额虽然排名第2位，但是服务贸易竞争力指数为−0.38，表明中国服务贸易整体上处于比较劣势，服务贸易的国际竞争力较弱。

（4）知识密集型服务业增加值占GDP的比重。从知识密集型服务业增加值占GDP的比重来看，全球知识密集型服务业增加值占GDP比重最高的是卢森堡，后面依次是爱尔兰、新加坡、澳大利亚、荷兰、英国、美国。我国知识密集型服务业增加值占GDP的比重为24.55%，与发达国家存在一定的差距，在亚洲国家中，低于新加坡、韩国，高于日本、印度，金砖五国中低于南非、俄罗斯（图2–48）。从总量来看，全球知识密集型服务业增加值主要来自美国（33.12%）、欧盟（29.12%）、中国（17%）和日本（6%）。虽然我国服务业在国际上的地位不如制造业强，但国际化程度越来越高。其他发展中国家如印度和印度尼西亚在全球商业投资服务产出中所占比例不断增加，其中印度的计算机和会计行业增长较快，而印度尼西亚则在金融和商业服务方面取得了很大进展。

（5）服务业商标申请量。从服务业商标注册数来看，OECD数据显示，2017年美国服务业商标注册数为112803件，排名世界第1位；墨西哥服务业商标注册数为51973件，排名第2位；日本、韩国服务业商标注册数分别为43732件、42922件，位列世界第3、第4位；德国服务业商标注册数为36787件，位列世界第5位；排名第6至第10位的国家及其服务业商标注册数是澳大利亚28864件、西班牙27850件、意大利18952件、加拿大14812件、瑞士9742件。我国服务业商标申请量仅为771件。可以看出，发达国家长期占据服

---

① 服务贸易竞争力指数表示一国服务贸易进出口差额占其进出口贸易总额的比重，常用于测定一国服务贸易的国际竞争力。服务贸易竞争力指数越接近于0表示竞争力越接近于平均水平；指数越接近于1则竞争力越大，等于1时表示该产业只出口不进口；指数越接近于−1表示竞争力越薄弱，等于−1表示该产业只进口不出口。

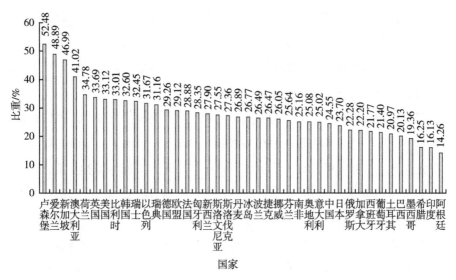

图 2-48　2017 年世界各国知识密集型服务业增加值占 GDP 比重

数据来源：OECD. Stat

务业价值链高端的研发、设计、营销环节，我国以低廉的劳动力成本、土地价格等融入全球价值链分工，处于全球服务价值链的低端。随着"中国制造"成为全球化的主角，"中国服务"也应该以新的形象走向世界。因此，我国服务业创新能力的快速提升将成为下一轮国际化发展的重点。

二、中国服务业创新发展面临的问题

（一）服务业创新发展意识不足

近年来，虽然我国服务业有了一定的创新意识，但无论是政府，还是企业界，创新意识仍然不够强，对服务业创新发展的重要性认识不足。许多地方政府经济工作重点仍然是主抓大工业项目，缺乏对服务业在产业转型和结构化中战略功能的辩证性认识，更缺乏对服务业创新发展的规划布局。统计调查数据显示，在阻碍规模以上服务业企业产品或工艺创新的因素中，除信息传输、软件和信息技术服务业外，其他行业的首要阻碍因素就是认为没有创新的必要，缺乏人才和人才流失也是重要的影响因素（表2-3）。此外，实地调查也发现，很多地区推进服务业创新发展基本停留在提升传统服务业自身发展水平上，地方政府和产业园区管委会对生产性服务发展的谋划仍停留在中介、咨询、行业招商引资层面，尚未从产业链的角度识别和引入产业转型升级阶段急需的相关技术服务业，虽然工业项目建设势头强劲，但在工业园区周边及园区范围内缺乏研发设计、检验检测、现代物流、科技金融、人力资源等服务业及关键服务平台的布局和建设，导致以项目建设推动工业转型升级和技术改造往往难以取得实效，新旧动能转换进展并不明显。从企业层面来看，无论是国有企业，还是民营制造业企业，均对服务业的内涵、外延及在支撑引领产业转型和经济高质量发展方面的作用认识不足，过于关注企业短期收益，往往忽视对服务环节创新发展的整体设计。此外，大多数企业技术创新能力较低，且又不重视与高校院所的技术合作，致使企业的技术创新和技术应用滞后于市场发展。

表2-3　规模以上服务业企业产品或工艺创新阻碍因素　　　　单位：%

阻碍因素	批发和零售业	交通运输、仓储和邮政业	信息传输、软件和信息技术服务业	租赁和商务服务业	科学研究和技术服务业	水利、环境和公共设施管理业
缺乏内部资金	10.1	10.8	13.0	9.7	11.6	12.4
缺乏风险投资	6.5	6.1	10.4	6.1	7.0	6.6
缺乏银行贷款	9.2	8.4	12.1	6.8	8.4	10.4
创新成本过高	12.7	11.4	32.7	12.9	21.5	13.6
缺乏人才或人才流失	20.3	19.1	42.9	23.3	34.7	26.0
缺乏技术信息	9.9	10.1	16.3	10.2	15.6	13.3
缺乏市场信息	9.7	9.2	11.2	9.1	10.7	9.4
难以找到创新合作伙伴	6.4	6.3	8.8	6.7	7.4	6.4
市场已经被占领	4.1	4.3	5.3	3.5	3.3	1.8

续表

阻碍因素	批发和零售业	交通运输、仓储和邮政业	信息传输、软件和信息技术服务业	租赁和商务服务业	科学研究和技术服务业	水利、环境和公共设施管理业
不能确定市场需求	9.7	7.5	14.7	9.2	10.9	8.3
创新成果易被低成本模仿	3.4	2.4	8.8	4.2	5.6	3.0
没有创新的必要	23.0	24.7	8.4	20.3	15.5	20.4

数据来源:《全国企业创新调查年鉴》(2019 年)

(二)服务业管理体制机制亟待完善

当前,我国服务业管理体制与促进服务业加快发展存在的不适应之处主要表现在两个方面。一是多头管理,条块分割。具有跨界性、综合性、混业性的新兴服务业领域,业务涉及条条块块,往往要接受多个部门监管,经常出现政出多门、条块分割、创新资源难以整合的情况,市场培育存在较大困难,影响产业的统筹发展。尤其是针对服务业领域的公共技术服务平台、公共信息平台的基础设施、区域性信息网络、公共信息资源开发利用等均存在严重条块分割现象,导致专业化服务平台难以建立有偿消费机制,造成低水平重复和资源浪费,一定程度上制约了新兴服务业的发展。二是市场化改革滞后,服务业创新活力亟待激活。除批发零售、商贸流通、餐饮食宿、会计核算、维修保养等少数传统服务行业市场化程度较高外,我国众多服务业领域市场化程度都较低,市场对资源配置的决定性作用难以充分发挥。尤其是长期以来,政府机关、企事业单位等后勤服务社会化改革滞后,一些应当作为产业化经营的服务业被当作公益性、福利性的事业来办,国有企事业单位承担了过多的社会服务或准公共服务职能。例如,非义务教育、新闻出版、广播影视、规划设计、银行证券和保险等服务领域设置了过多的行政垄断与市场准入限制,诸多行业的专业资质认定、执业资格认证、服务标准制定、检验检测平台等仍然由政府国有企事业机构垄断，行政体制僵化，缺乏服务意识和竞争意识。这些都严重阻碍了民营资本和中小企业进入服务行业的积极性，也极大地抑制了这些服务业创新发展的活力。

（三）服务业创新人才短缺

在世界各国，服务业一直是吸纳劳动者就业的主要渠道；同时，众多知识密集型服务业也是高端人才、知识精英和专业技能人才汇集的行业。目前，我国还存在服务业人才总量不足的问题，难以满足现代服务业发展需求。例如，2018 年我国知识密集型服务业就业人员占就业总数的比重为 28.8%，与发达国家存在差距。长期以来，由于欠缺高水平的服务业专业人才培训机构和学科体系，职业教育与服务业人才需求不匹配，加上服务业主要是传统业态和中小企业，缺乏良好的人才成长环境，致使我国服务业领域高素质的专业人才和创新人才匮乏，服务业从业人员多集中在传统服务业。而电子商务、人工智能、工业互联网等新兴服务业领域的人才供需严重不匹配，尤其是研发设计、文创服务、资本运营等高端人才及复合型管理人才缺乏。例如，2017 年我国科学研究和技术服务业，信息传输、软件和信息技术服务业，金融业从业人员占服务业总从业人员的比例分别为 9.4%、8.28%、8.18%，而租赁和商务服务业占服务业总从业人员的比例分别为 19.45%。从全国各行业的就业人员受教育程度构成来看，服务业从业人员初中学历占比最多，研究生学历占比相对偏低。服务业发展的核心是高素质人才。高层次专业技术人才、领军人才短缺，成为制约服务业创新发展的重要瓶颈。

（四）服务业创新基础投入匮乏

当前，我国服务业科技创新研发投入不足，严重制约了服务业自主创新能力的提升。2017 年我国服务业研发经费内部支出仅占全国研发经费支出总量的 4.3%。同时，由于我国目前服务业企业大多数以中小企业为主，自身实力有限，在研发人力资本、研发环境、设备及其他物质条件方面也有诸多限制，真正有核心技术和自主创新能力的企业不多。因为缺少核心技术，服务同质化问题严重，同行之间只能通过价格战来竞争。

与此同时，我国大多数服务业企业由于规模小、信用低及缺乏足值抵押等原因，很难从银行获得企业发展所需的贷款，服务业企业融资非常困难，支撑服务业创新发展的资金保障不足。如在需要大量资金的现代服务行业如节能服务业，融资困难一直是制约行业发展的最大难题。又如目前国内大多数文化创意企业很少进行无形资产评估，国内保险公司也没有针对性的评估体系，使得动漫设计、游戏开发等文化创意企业常常因为无法提供足值抵押而难以获得银行贷款。

（五）服务业公共服务平台建设滞后

我国服务业的研发中心、实验室、公共信息服务平台、公共技术服务平台等建设严重不足，严重限制了服务业的创新发展。在硬件方面，主要表现为各种支撑制造业转型的研发设施、中试车间、试验场地、检验检测仪器、物流基地、工业设计平台等均不足。在软件方面，主要表现为各类工业软件系统、工业互联网、云计算与行业大数据分析、商务服务信息平台、金融服务平台、节能环保服务网络、行业标准与诚信体系、品牌培育服务、人力资源平台等资源较欠缺。实地调研发现，许多产业园区入驻的服务业企业均为小微企业，主要是提供一些政策咨询、项目申报、财务会计等基本服务，非常缺乏研发外包、工业设计、检验检测、科技金融等高端生产性服务业企业。

同时，目前现有大多数公共服务平台服务能力有限，市场竞争性不足。调研发现，大部分众创空间、孵化器等功能单一，只提供房租优惠、协助办理融资和证照等服务，缺乏中小试基地、技术鉴定、知识产权保护、专业技术培训、检验检测和其他公共技术服务平台，以及文化娱乐等相关配套服务；许多工业设计中心、研发中心等科技服务业平台项目大多由企业自身建设，统筹资源和服务能力均十分有限，且主要是企业自身或企业内部关联企业使用，基本不提供对外服务。调研还发现，大多数检验检测中心依附于行政单位，缺乏市场意识，无论是平台服务的公益性，还是市场盈利能力均比较弱。此外，现有服务平台之间，横向缺乏信息沟通与协作，纵向缺乏业务指导和衔接，协同共享机制也未建立，有限的服务资源得不到最充分的利用。

第三章

服务业创新发展指标体系构建思路及方法

当前，我国服务业已达到一定规模，正处于从大向强转型发展的关键时期。一方面需要加快推进供给侧结构性改革，提升服务内容、服务方式和手段，以提升产业附加值和经济效益；另一方面需要尽快培育服务业新业态、新模式，以加快新旧动能转换。因此，需要设计和构建以创新为内核的新型指标体系，以多维度、全方位地对服务业创新发展能力进行评价和方向指引。目前，国内还缺乏可以系统衡量和监测服务业创新发展水平的评价方法与指标体系。课题研究拟通过构建服务业创新发展评价模型和指标体系，从国际和国内不同区域、不同细分行业 3 个维度来进行测算，力求全面、客观、准确地反映我国服务业创新发展的能力和水平；并通过评价实践，引导国家相关部门和各级地方政府更加重视以创新驱动来推动服务业的高质量发展，为加快构建现代服务经济体系奠定坚实基础。

一、评价思路

（一）评价依据

基于文献梳理及服务业创新发展概念内涵研究发现，服务业创新发展应具备几个条件：具有统一开放、公平竞争、创新激励的市场环境；具有持续扩大的有效供给能力；具有较强的知识创造和产出能力；具备较高的国际化水平；具有较强的经济发展、民生改善支撑能力。基于此，推动服务业创新发展必须遵循以下基本原则。

一是坚持以人为本、人才为基，以增进人民福祉、促进人的全面发展为出发点和落脚点，充分调动各类人才积极性和创造性，扩大服务供给。

二是坚持市场主导、质量至上，以市场需求为导向，增强服务供给的适应性和灵活性，全面提高服务业质量和效率。

三是坚持创新驱动、融合发展，营造良好的创新环境，积极发展新技术、新产业、新业态、新模式，推动服务业与制造业和农业的深度融合，形成"中国服务 + 中国制造"组合效应。

四是坚持重点突破、特色发展，瞄准供需矛盾突出、带动力强的重点行业，集中力量破解关键领域和薄弱环节的发展难题，因地制宜地发展各具特色的服务业，推动服务业转型升级。

五是坚持深化改革、扩大开放，以改革推动服务业发展，推动制度体系和发展环境系统性优化，深度参与国际分工合作，在开放竞争中拓展空间、提升水平。

（二）评价维度

服务创新对服务业发展和经济增长有着积极的影响，国内外都开展了服务创新评价研究，建立了评价指标体系。

国际上，美国信息技术和创新基金会（ITIF）从 1999 年开始研究测度和发布《美国各州新经济指数报告》。该报告用 5 个维度 25 个指标对美国 50 个州新经济发展情况进行评价研究，揭示经济转型升级进程，提出各区域新经济发展的经验和政策建议。该报告指出，新经济是依靠知识和创新而获得增长的经济，具有知识型、全球化、创业、信息技术驱动、创新驱动五大特征。这些也构成了新经济指数的基本要素。欧盟从 2001 年开始每年发布《欧洲创新记分牌》报告，设计创新指标体系，计算综合创新指数（SII），对欧盟成员国的研究和创新绩效进行监测、比较和评价，帮助成员国发现自己的优势和劣势，为各国推动创新发展提供政策依据和衡量工具。2015 年《欧洲创新记分牌》

中的综合创新指数包括创新驱动、公司创新活动、创新产出 3 个方面，8 个维度和 25 项指标。《欧洲创新记分牌》报告的具体创新指标体系每年都有些变化和修正。因其经历了创新评价由技术创新向服务创新的转变及二者融合的演变过程，与目前国际面临的产业结构转型升级、国际大都市普遍以服务业为经济支柱的现状非常契合。从 2007 年开始，美国康奈尔大学、欧洲工商管理学院、世界知识产权组织共同研究和发布《全球创新指数》（GII）报告，通过测算和比较世界 140 多个国家的创新指数，为决策者制定创新发展战略和行动提供工具。全球创新指数关注两个方面：一是度量和理解创新的方法；二是借鉴有针对性的政策和良好的实践经验，建立持续的全球创新评估环境和平台。它包括 4 个指数：创新总指数、创新投入子指数、创新产出子指数、创新效率指数。其中，创新总指数是投入和产出两个子指数的简单平均数，创新效率指数是产出与投入两个子指数的比率。全球创新指数由 7 个维度，21 个构成要素和 79 项指标组成。

在国内，2005 年北京市统计局公布了应用中关村指数对北京市高新技术产业发展状况、发展水平和发展潜力进行的研究。中关村指数主要由 5 个分类指数构成，分别是经济增长、经济效益、技术创新、人力资本和企业发展指数。彭颢舒和叶小梁从知识密集型服务业的内部体系、外部环境及人力资源等方面进行研究，并得出知识密集型服务业创新要素沙漏模型[①]。2007 年浙江省发展和改革委员会课题组则确定了规模、效益、结构、增长 4 个领域共 16 个一级指标构成的区域服务业发展指标体系。陈劲指出，知识密集型服务业创新评价指标体系应包括创新投资、创新能力资源及创新效果 3 个方面的指标[②]。张华平从创新投入、创新环境、创新产出及创新成长等方面构建现代服务业创新能力评价指标体系，建立 BP 神经网络评价模型，评价了部分地区的现代服务业创新能力[③]。

① 彭颢舒，叶小梁. 知识密集型服务业创新要素模型研究［J］. 现代情报，2006（10）：8-11.

② 陈劲. 知识密集型服务业创新的评价指标体系［J］. 学术月刊，2008（4）：66-68.

③ 张华平. 基于 BP 神经网络的现代服务业创新能力评价研究［J］. 中国商贸，2009（14）：14-16.

李艳华等从创新投入、创新环境、创新技术产出、创新经济绩效 4 个维度对北京市现代服务业创新水平进行了评价[①]。周德发和张翊以技术与制度相结合的视角从服务业创新投入、服务业创新产出、市场环境、政府支持 4 个角度构建了服务业创新能力的评价指标体系[②]。刘丹鹭综合运用了表示创新绩效和创新活动的 5 种指标，证实了服务业进口、承接服务外包能够促进服务业创新[③]。魏江和黄学基于创新投入、创新过程和创新产出 3 个方面，评价了高技术服务业创新能力[④]。倪琳等提出应从经济环境、产业环境、社会文化环境和科技环境等方面对服务业投融资环境进行比较研究[⑤]。毕斗斗等通过建立模糊评价指标体系和因子分析法，证明了信息技术、工业化、对外开放、人力资本、市场化对服务业创新存在正向的促进作用，而城市化和体制创新对我国各地服务业创新产生不同程度的负向影响[⑥]。黄海滨等从总体实力、创新投入、创新产出、社会贡献、成长性指标 5 个角度构建了高新技术企业创新发展指数[⑦]。潘莉从创新驱动、结构优化、速度效益、协调融合、社会效益 5 个角度构建了服务业高质量发展评价体系，并测算了浙江省服务业高质量发展指数[⑧]。

从服务业创新研究现状看，原有的创新理论与指标体系存在较多矛盾：传

---

① 李艳华，柳卸林，刘建兵. 现代服务业创新能力评价指标体系的构建及应用 [J]. 技术经济，2009，28（2）：1–6.

② 周德发，张翊. 服务业创新能力评价：基于广东数据的经验分析 [J]. 经济问题，2012（1）：39–42.

③ 刘丹鹭. 服务业国际化条件下的创新与生产率：基于中国生产性服务企业数据的研究 [J]. 南京大学学报（哲学・人文科学・社会科学），2013（6）：40–51.

④ 魏江，黄学. 高技术服务业创新能力评价指标体系研究 [J]. 科研管理，2015（12）：9–18.

⑤ 倪琳，邓宏兵，姚婷婷. 湖北省现代服务业投资环境竞争力评价及对策研究 [J]. 科技管理研究，2015（20）：56–61.

⑥ 毕斗斗，方远平，谢蔓，等. 我国省域服务业创新水平的时空演变及其动力机制：基于空间计量模型的实证研究 [J]. 经济地理，2015（10）：139–148.

⑦ 黄海滨，周瑶，陈之瑶，等. 高新技术企业创新发展指数研究 [J]. 现代商贸工业，2017（28）：1–3.

⑧ 潘莉. 服务业高质量发展指数研究与实证分析 [J]. 统计科学与实践，2019（3）：35–39.

统的创新理论和评价指标主要来源于制造业，而制造业创新与服务业相距甚远，服务业领域缺乏规范的实证研究与动态监测，使理论研究缺乏实证依据。服务业的多样性、交叉性及差异性，以及近年来的飞速发展，使其创新内容、创新类型、创新模式等创新基本理论问题的概念化难度相对较大。而服务业创新发展指标体系与动态监测的相关研究又较为零散，缺乏整体性和系统性。因此，本文在借鉴国外创新指数评价的基础上，重点从服务业发展环境、创新投入、创新产出 3 个维度作为一级指标，在此基础上搭建评价体系框架（表3-1）：①"服务业创新发展环境"维度，衡量服务业创新发展的软硬件环境，包括市场环境及制度环境；②"服务业创新投入"维度，衡量在创新发展的过程中服务业企业的人力投入和财力投入等；③"创新产出能力"维度，评价在创新投入的基础上，服务业企业在技术成果、商业革新及促进行业发展与社会发展等方面做出的成效。

表 3-1　服务业创新评价体系框架

目标层	维　　度	评价指标
服务业创新发展指数	服务业创新发展环境	服务业创新发展的软硬件环境，包括人均可支配收入、互联网普及率、营商环境等
	服务业创新投入	针对服务业创新发展的投入，包括固定资产投入、研发费用投入、人力投入、外商投入等
	服务业创新产出	针对服务业创新发展的绩效评价，包括劳动生产率、知识密集型服务业增加值占比、新产品销售收入、服务贸易额、服务业社会积累率等

（三）评价对象

本课题拟从 3 个方面测算服务业创新发展指数。

一是对国际上 40 个国家的服务业创新发展能力进行评价。基于数据的可获得性，本研究报告选择 2017 年中国、日本等 40 个国家服务业的数据，从服务业创新发展环境、创新投入、创新产出测算 40 个国家的服务业创新发展指数，并进行比较分析。

二是对我国 29 个省份（暂缺新疆维吾尔自治区、西藏自治区数据）服务业创新发展能力进行评价。利用 2017 年我国 29 个省份服务业数据，从服务业创新发展环境、创新投入、创新产出 3 个维度测度服务业创新发展指数。

三是对我国服务业各细分行业创新发展能力进行测算评价。采用 2014—2017 年我国批发和零售业，交通运输、仓储和邮政业，住宿和餐饮业，信息传输、软件和信息技术服务业，房地产业，租赁和商务服务业，科学研究和技术服务业，水利、环境和公共设施管理业，居民服务、修理和其他服务业，教育，卫生和社会工作，文化、体育和娱乐业等 12 个行业的统计数据，从服务业创新投入、服务业创新产出 2 个角度测度服务业创新发展指数[1]。

（四）设计原则

已有研究大多是针对整个经济社会的创新发展，其中有部分指标反映服务业，但有关服务业创新发展指标体系的研究成果很少。结合相关理论和服务业创新发展的典型特征，借鉴国际、国内创新评价的实践经验，在设计服务业创新发展指标体系时，主要遵循以下原则。

（1）导向性。指标体系必须具有促使地区、行业或企业经营管理者更多地从关注服务业发展规模、速度转向重视服务业创新的功能。

（2）可操作性。指标体系的内容必须与现有的企业财务会计、服务业统计报表制度相衔接，可以比较容易地从现有服务业报表、核算资料中获得相关数据。

（3）注重未来成长。选取指标时应尽量避免使用过多的量的指标，应更多地偏向于质的提升。

（4）简便易行性。指标计算要力求简单，少而精。各指标之间在涵盖的经济内容上要相互支持但又不重复，在解释功能上要互相配合。

---

[1] 金融业、公共管理和社会组织、国际组织由于统计数据不全，暂不进行评价。

二、评价方法

（一）基础数据搜集

本课题针对服务业创新发展国际对比、区域对比、行业对比不同情况共建立 3 套指标体系进行评价。国际数据搜集范围主要包括世界银行、经济合作与发展组织、联合国贸发会议及各个国家统计部门等的报告和数据库。国内数据搜集范围包括涵盖《中国统计年鉴》《中国第三产业统计年鉴》《中国科技统计年鉴》《中国人口和就业统计年鉴》《中国社会统计年鉴》《中国税务统计年鉴》《中国区域科技创新评价报告》《中国两化融合发展数据地图》《中国贸易外经统计年鉴》《全国企业创新调查年鉴》《网宿·中国互联网发展报告》及各地统计年鉴和公开发表的研究报告等。

（二）赋权方法选择

本课题对服务业创新发展的实证分析属于区域产业或行业创新能力评价。评价时，所涉及的指标很多。目前，文献中用到的相关评价方法有专家打分法、回归分析法、层次分析法、模糊分析法、因子分析法、熵值法等。下面对各种方法的优缺点和适用性进行说明，并确定本文适用的评价方法。

运用专家打分法进行服务业创新发展评价时依赖于专家的经验判断，评价结果容易受专家的经验和主观因素的影响。

回归分析法主要是按照时间序列进行趋势分析，不适用于横向比较分析。

层次分析法本质上是一种决策思维方式，它把复杂的问题分解为各组成因素，将这些因素按照支配关系分组，以形成有序的递阶层次结构；然后通过对客观现实的主观判断，就每一层次的相对重要性给予定量表示，最后用数学方法确定每一层次中全部因素的相对重要性次序。层次分析法的局限性在于确定指标的权重时需要借助两两比较法构造判断矩阵，由专家依据所掌握的信息进行主观判断，同专家打分法一样，带有很大的主观随意性。在指标之间的关系不明确时，不适宜使用层次分析法。

模糊综合评价法有很广的适用性，尤其是在企业经济绩效和技术创新能力评价方面。但是应用模糊综合评价法需要找到一个标准，而标准的制定往往带有一定的主观性，导致评价结果受到评价人的主观认识、知识结构等的影响，使得评价结果不够客观；而且此方法最终根据最大隶属度原则说明对评价对象创新能力的评价属于评级集中的某个级别，在对比分析各区域之间服务业创新发展的差距和优劣势时并不方便。

因子分析是将多个实测变量转换为少数几个不相关的综合指标的多元统计分析方法。在科学研究中，往往需要对反映事物的多个变量进行大量的观测，收集大量数据以便进行分析，寻找规律。多变量大样本无疑会为科学研究提供丰富的信息，但也在一定程度上增加了数据采集的工作量，更重要的是在大多数情况下，许多变量之间可能存在相关性而增加了问题分析的复杂性，同时给分析带来不便。如果分别分析每个指标，分析又可能是孤立的，而不是综合的；盲目减少指标会损失很多信息，容易产生错误的结论。因此，需要找到一个合理的方法，减少分析指标的同时，尽量减少原指标包含信息的损失，对所收集的资料进行全面的分析。由于各变量间存在一定的相关关系，因此有可能用较少的综合指标分别综合存在于各变量中的各类信息。因子分析就是这样一种降维的方法。

熵值法是依据数据所提供的信息量来计算信息熵，根据某项指标的变化对整个评价体系的影响来决定各指标权重，较大的相对变化赋予较大的指标权重。由于熵值法采用横截面数据，缺少时间维度的考察，难以动态地反映现代服务业竞争力的演变特征。

本研究评价的目的之一是通过对比某一地区与其他地区的服务业的创新能力，分析我国服务业创新发展在世界上所处的位置及我国各个地区之间的差距，找出我国整体和各个地区服务业创新发展的水平及存在的障碍。因此，应当选择一种适用于横向比较分析的综合评价方法。此外，由于服务业创新能力的具体状态是由诸多因素共同作用的结果，评价指标较多，构成的指标矩阵较大，而且有些向量之间存在着相关关系。因子分析法可以将多个指标转换为少数几个不相关的综合指标。因子分析法不仅可以给出排名，还可以进一步探索影响排名次序的因素，从而找到改善和提高服务业创新能力的方向和途径；而且评价用到的指标数据都是实际观测得到的，不是根据人的经验、判断得到的，评价结果客观性强，更能反映事实。因此，本文采用因子分析方法进行服务业创新发展国际比较及区域比较。

本研究评价的目的之二是比较服务业各细分行业的创新发展水平。由于熵值法采用横截面数据，是基于同一时间维度的考察。为了从空间和时间变化的角度对数据进行全局分析，动态描述各行业创新能力，对服务业细分行业的创新发展的评价采用全局熵值法。

（三）数据处理及确权

1. 服务业创新发展的国际对比及区域对比评价模型选择——因子分析法

因子分析的基本目的就是用少数几个因子去描述许多指标或因素之间的联系，它的基本思想是把每个研究变量分解为几个影响因素变量，将每个原始变量分解成两部分因素。一部分是由所有变量共同具有的少数几个公共因子组成的，另一部分是每个变量独自具有的因素，即特殊因子。

简单来说，因子分析就是将有限的 m 个原始变量降维转换成 n 个指标（其中 $n \leqslant m$）。即：

$$\begin{cases} X_1 = a_{11}F_1 + a_{12}F_2 + \cdots + a_{1n}F_n + \varepsilon_1 \\ X_2 = a_{21}F_1 + a_{22}F_2 + \cdots + a_{2n}F_n + \varepsilon_2 \\ \qquad\qquad\qquad \vdots \\ X_m = a_{m1}F_1 + a_{m2}F_2 + \cdots + a_{mn}F_n + \varepsilon_m \end{cases} \qquad (3\text{-}1)$$

矩阵表达式为：$X = AF + \varepsilon$，其中，F_1，F_2，$\cdots$，F_n 表示公共因子，且两两互不相关，但方差都为 1。ε 为 X 的特殊因子，且 F 与 ε 不相关，ε_1，ε_2，$\cdots$，ε_n 方差不同且互不相关。A 是公共因子 F 的系数，又称为因子载荷矩阵，a_{ij} 表示因子载荷，是第 i 个原有变量在第 j 个公共因子上的负荷，或者可将 a_{ij} 看作是第 i 个变量在第 j 个公共因子的权重。

具体的计算步骤如下。

（1）把选择出的变量进行标准化的处理。如果变量之间存在很强的相关性，则通过提取公共因子来对变量进行降维处理，记原始数据矩阵为：

$$X=\begin{bmatrix} x_{11} & x_{12} & \cdots & x_{1m} \\ x_{21} & x_{22} & \cdots & x_{2m} \\ \vdots & \vdots & \vdots & \vdots \\ x_{p1} & x_{p2} & \cdots & x_{pm} \end{bmatrix} \qquad （3-2）$$

（2）原始变量经过标准化后的相关系数矩阵为：

$$R=\begin{bmatrix} r_{11} & r_{12} & \cdots & r_{1m} \\ r_{21} & r_{22} & \cdots & r_{2m} \\ \vdots & \vdots & \vdots & \vdots \\ r_{m1} & r_{m2} & \cdots & r_{mm} \end{bmatrix} = \begin{bmatrix} 1 & r_{12} & \cdots & r_{1m} \\ r_{21} & 1 & \cdots & r_{2m} \\ \vdots & \vdots & \vdots & \vdots \\ r_{m1} & r_{m2} & \cdots & 1 \end{bmatrix} \qquad （3-3）$$

通过计算得出矩阵相应的特征向量、特征值。

（3）确定公共因子个数，使提取的公共因子累计得到的方差贡献率超过70%，且因子的特征值大于1，这样才能使公共因子对原始信息有较好的解释效果。

（4）使用方差最大化的方法对因子载荷矩阵进行旋转，目的是将表达意思最接近的变量更准确地归为一类，把目的不同的变量区分开来，以便对公共因子进行合理解释。

（5）因子得分计算公式为：

$$F_i=\beta_{i1}X_1+\beta_{i2}X_2+\cdots+\beta_{im}X_m（i=1，2，\cdots，m） \qquad （3-4）$$

综合得分计算公式为：

$$F=\omega_1F_1+\omega_2F_2+\cdots+\omega_nF_n \qquad （3-5）$$

其中 $\omega_j=\dfrac{\lambda_j}{n}$，$n$ 为公共因子的个数，λ_j 为第 j 个因子对应的特征值。

2. 服务业创新发展的行业评价模型选择——全局熵值法

（1）建立全局评价矩阵并标准化。假设要评价 m 个行业 t 年的现代服务业竞争力状况，其评价指标体系由 n 个指标构成。首先建立评价系统的初始全局评价矩阵 $X=\{X_{ij}^t\}_{mT\times n}$，其中 X_{ij}^t 表示第 i 个行业第 j 项评价指标 t 年的数值。由于各指标的量纲、数量级及正负取向均有差异，需要对 X 按以下公式进行标准化处理：

$$(x_{ij}^t)''=\frac{x_{ij}^t-x_{j\min}}{x_{j\max}-x_{j\min}}\times 99+1\ (i=1,2,3,\cdots,m;\ j=1,2,3,\cdots,n; \\ t=1,2,\cdots,T) \tag{3-6}$$

$$(x_{ij}^t)''=\frac{x_{j\max}-x_{ij}^t}{x_{j\max}-x_{j\min}}\times 99+1\ (i=1,2,3,\cdots,m;\ j=1,2,3,\cdots,n; \\ t=1,2,\cdots,T) \tag{3-7}$$

式中，$(x_{ij}^t)''$ 为标准化后的指标值，为 $1\sim 100$。$x_{j\min}$ 是第 j 项指标的最小值；$x_{j\max}$ 是第 j 项指标的最大值。正指标用公式（3-6），逆指标用公式（3-8）。

（2）计算指标信息熵。第 j 项指标的信息熵计算公式为：

$$e_j=-K\sum_{t=1}^T\sum_{i=1}^n y_{ij}^t\,\mathrm{In}y_{ij}^t \tag{3-8}$$

式中，$y_{ij}^t=\dfrac{(x_{ij}^t)''}{\sum_{t=1}^T\sum_{i=1}^n(x_{ij}^t)''}$；常数 $K=\dfrac{1}{\mathrm{In}mT}$，与系统的样本数 m 有关。当一个系统的信息处于完全无序状态时，其有序度为零，信息熵 $e_j=1$。当 m 个样本处于完全无序分布状态时，$y_{ij}^t=1$。

（3）估算评价指标权重。根据指标的价值系数可以得到第 j 项指标的权重 W_j；满足 $0\leqslant W_j\leqslant 1$，$\sum_{j=1}^n W_j$。计算公式为：

$$W_j=\frac{1-e_j}{n-\sum_{j=1}^n e_j} \tag{3-9}$$

（4）计算综合得分。在计算出各指标权重的基础上，就可以利用以下公式计算综合得分：

$$s_j=\sum_{j=1}^n W_j(x_{ij}^t)'' \tag{3-10}$$

第四章

服务业创新发展能力国际比较

一、指标体系构建与数据处理

（一）指标体系构建

从世界服务业发展趋势来看，发达国家的经济体系都经历了向服务业为主的经济结构转型和变革。在科技进步和经济全球化驱动下，服务业内涵更加丰富、分工更加细化、业态更加多样、模式不断创新，在产业升级中的支撑引领作用更加突出。

根据数据的可得性，并基于创新的角度，本课题选取世界 40 个创新比较活跃的国家作为研究对象。这些国家的服务业增加值之和超过全球的 80%，GDP 合计超过全球的 85%。借鉴国内外关于服务业创新评价的理论与方法，从服务业创新发展环境、服务业创新投入、服务业创新产出 3 个方面构建世界服务业创新指数的指标体系（表 4-1），突出服务业创新规模、质量、效益和国际竞争力，同时考虑大国与小国的平衡，采用人均指标反映各国服务业创新发展能力。

表4-1 世界服务业创新发展能力指标体系

一级指标	二级指标	三级指标
服务业 创新发展 能力评价	服务业创新 发展环境	1. 人均调整国民收入净额
		2. 贸易和运输基础设施绩效
		3. 营商环境前沿距离分数
	服务业创新投入	4. 服务业研发经费投入
		5. 知识密集型服务业就业人员占就业总数的比重
		6. 数字生活指数
	服务业创新产出	7. 服务业劳动生产率
		8. 知识密集型服务业增加值占 GDP 比重
		9. 服务贸易竞争力指数

（二）主要指标解释与数据来源

（1）人均调整国民收入净额。服务经济理论的一个重要假设是人均收入水平是服务业发展的重要原因，即随着人均收入水平的提高，人们对服务的消费需求增加。该指标反映对服务消费的需求数据来源于世界银行。

（2）贸易和运输基础设施绩效指数。该指标是为帮助政府衡量贸易物流进步程度而创造的工具，主要指标包括物流能力与技能、贸易相关基础设施的质量、国际货运的价格、货物准时抵达目的地的频率等。数据来源于世界银行发布的《世界银行物流绩效指数报告》（2018 年）。

（3）营商环境前沿距离分数。该指标考察的指标有 10 项，包括创办企业、办理施工许可、电力供应、注册财产、获得信贷、保护少数股东、纳税、跨境交易、合同执行和破产处理的情况。每项指标都有数个小指标用以计算分数，把每项指标的分数相加再除以 10 就是一个国家在营商环境上取得的分数。服务业行业大多属于中小微企业，该指标能较好反映服务业发展的外部条件。数据来源于世界银行发布的《全球营商环境报告》（2017 年）。

（4）服务业研发经费投入。根据服务业的行业分类及 OECD 研发经费支出分类。该指标反映企业创新资源的直接投入。数据来源于 OECD 数据库

（OECD. Stat）。

（5）知识密集型服务业就业人员占就业总数的比重。该指标反映企业创新资源的人力投入。数据来源于世界银行。

（6）数字生活指数。该指标反映的是现代信息技术扩散应用对公众生活的影响，也反映了信息技术在居民中的扩散和普及程度。数字生活指数包括移动电话指数、计算机指数和互联网指数 3 个指标，计算公式为：数字生活指数 = $1/3 \times$ 移动电话指数 $+1/3 \times$ 计算机指数 $+1/3 \times$ 互联网指数。数据来源于《全球信息社会发展报告》（2017 年）。

（7）服务业劳动生产率。计算公式：服务业劳动生产率 = 服务业增加值 / 服务业就业人数。数据来源于世界银行及国际劳工组织。

（8）知识密集型服务业增加值占 GDP 比重。以知识为基础的服务业统称为知识密集型服务业，知识密集型服务业在国家创新系统中发挥着重要作用。知识密集型服务业不仅自身具有高质量的特征，更是其他行业，尤其是制造业提质增效的重要支撑。数据来源于 OECD 数据库及各个国家统计部门。

（9）服务贸易竞争力指数。该指标表示一国服务贸易进出口差额占其进出口贸易总额的比重，常用于测定一国服务贸易的国际竞争力。数据来源于 OECD 数据库。

（三）数据分析与处理

对各指标原始数据进行无量纲处理后，运用 SPSS 19.0 统计学软件对指标数据进行因子分析，具体步骤如下。

1. 效度检验

首先，利用 KMO 检验和 Bartlett 的球形检验来完成对人均调整国民收入净额、贸易和运输基础设施绩效、服务业研发经费投入、服务业劳动生产率、知识密集型服务业增加值占 GDP 比重、服务贸易竞争力指数等 9 项指标的相关性检验工作。将指标值导入软件后，KMO 检验值大于 0.7，球形检验 P 值（Sig.）等于 0，小于 0.05，说明指标具有结构效度，指标之间存在着较强的相关性，可以进行因子分析（表 4-2）。

表 4-2　KMO 检验和 Bartlett 球形检验

取样足够度的 KMO 度量		0.752
Bartlett 球形检验	近似卡方	153.004
	df	66
	Sig.	0.000

2. 因子提取

通过因子提取，将初始特征值大于 1 的因子提取出来解释总体变量。运行统计学软件进行因子分析，得出总方差（表 4-3）。

表 4-3　解释的总方差

因子	初始特征值			提取平方和载入			旋转平方和载入		
	合计	方差贡献率 /%	累计方差贡献率 /%	合计	方差贡献率 /%	累计方差贡献率 /%	合计	方差贡献率 /%	累计方差贡献率 /%
1	4.654	51.712	51.712	4.654	51.712	51.712	4.387	48.740	48.740
2	1.213	13.479	65.191	1.213	13.479	65.191	1.306	14.511	63.251
3	0.935	10.390	75.581	0.935	10.390	75.581	1.108	12.330	75.581
4	0.689	7.652	83.233						
5	0.602	6.683	89.916						
6	0.404	4.488	94.404						
7	0.249	2.770	97.174						
8	0.190	2.110	99.283						
9	0.064	0.717	100.000						

由表 4-3 可以看出，提取的前 3 个因子提取平方和载入及旋转平方和载入累计方差贡献率达到 75.581%，说明这 3 个成分对我国服务业创新发展的影响力较大，因此可以提取 3 个公共因子。

3. 因子旋转

为使各因子能够更加清晰地反映初始变量的特征，对因子做方差极大化正交旋转，得到旋转后的正交因子载荷矩阵（表4-4）。

表4-4　旋转后的正交因子载荷矩阵

指　　标	公共因子		
	1	2	3
知识密集型服务业增加值占 GDP 比重	0.884	0.103	0.164
服务业劳动生产率	0.876	0.080	0.300
数字生活指数	0.731	−0.029	0.579
人均调整国民收入净额	0.704	−0.287	0.341
营商环境前沿距离分数	0.151	0.103	0.925
贸易和运输基础设施绩效	0.446	0.193	0.713
服务贸易竞争力指数	0.107	0.894	−0.015
知识密集型服务业就业人员占就业总数的比重	0.069	0.246	0.157
服务业研发经费投入	0.151	0.931	0.001

从表4-4可以看出，公共因子1在知识密集型服务业增加值占 GDP 比重、服务业劳动生产率、数字生活指数、人均调整国民收入净额上有较大载荷，可命名为服务业创新绩效；公共因子2在服务贸易竞争力指数、知识密集型服务业就业人员占就业总数的百分比、服务业研发经费投入上有较大载荷，可命名为服务业创新投入；公共因子3在营商环境前沿距离分数、贸易和运输基础设施绩效上有较大载荷，可命名为服务业创新发展环境。

4. 得分系数矩阵

通过前3个因子的特征值及特征向量，运行统计学软件还可以得出各因子的得分系数矩阵（表4-5）。

表 4-5　各因子得分系数矩阵

指　　　标	创新绩效	创新投入	创新发展环境
知识密集型服务业增加值占 GDP 比重	0.250	0.019	−0.126
知识密集型服务业就业人员占就业总数的百分比	0.247	−0.026	−0.119
服务业劳动生产率	0.210	0.004	−0.024
数字生活指数	0.086	−0.044	0.225
人均调整国民收入净额	0.143	−0.108	0.074
营商环境前沿距离分数	−0.201	−0.022	0.627
贸易和运输基础设施绩效	−0.046	0.016	0.388
服务贸易竞争力指数	0.037	0.270	−0.091
服务业研发经费投入	0.286	0.079	−0.262

注：旋转法为具有 Kaiser 标准化的正交旋转法

3 个公共因子可以通过得分系数矩阵形成新的变量来取代原有的 10 个指标变量，综合得分表达式为：

$$F=0.546F_1+0.336F_2+0.118F_3$$

二、评价结果分析

通过因子分析的结果，可以得出世界各国创新发展得分及排名（表 4-6），并对各国创新发展情况有一个总体认识。

表 4-6　世界各国创新发展得分及排名

国　　家	创新绩效	排名	创新投入	排名	创新发展环境	排名	综合得分	排名
美　　国	0.8235	5	5.3786	1	1.0473	6	2.3817	1
卢 森 堡	3.2909	1	−0.1991	19	1.6295	1	1.9219	2
瑞　　士	1.6679	2	−0.1890	17	0.9631	10	0.9606	3
英　　国	0.5540	12	1.0520	2	0.6428	14	0.7319	4

续表

国　　家	创新绩效	排名	创新投入	排名	创新发展环境	排名	综合得分	排名
德　　国	0.4763	14	0.7450	4	1.3127	3	0.6649	5
日　　本	0.3629	18	0.8780	3	0.4530	16	0.5467	6
新 加 坡	0.8672	3	−0.3144	27	0.9961	8	0.4850	7
以 色 列	0.5869	10	0.1407	8	0.6494	13	0.4442	8
挪　　威	0.6459	8	−0.1278	13	1.0463	7	0.4328	9
法　　国	0.5468	13	0.3124	5	0.1963	22	0.4268	10
丹　　麦	0.5895	9	−0.1978	18	1.2610	4	0.4036	11
瑞　　典	0.5847	11	−0.1492	15	0.9916	9	0.3857	12
荷　　兰	0.8625	4	−0.3281	28	0.1914	23	0.3832	13
澳大利亚	0.7127	7	−0.1885	16	0.4396	17	0.3776	14
比 利 时	0.7916	6	−0.2019	20	0.0241	25	0.3673	15
韩　　国	0.3382	19	0.0179	11	1.3347	2	0.3476	16
加 拿 大	0.4472	15	0.1568	6	−0.0347	27	0.2929	17
意 大 利	0.2371	22	0.0907	9	−0.3187	31	0.1226	18
爱 尔 兰	0.4341	17	−0.4779	34	0.3429	21	0.1167	19
奥 地 利	0.2892	20	−0.4383	32	0.8651	11	0.1122	20
西 班 牙	0.0703	23	0.1422	7	0.1371	24	0.1023	21
冰　　岛	0.4464	16	−0.8986	40	0.3790	19	−0.0139	22
希　　腊	0.2690	21	−0.1280	14	−1.5879	38	−0.0827	23
芬　　兰	−0.2260	28	−0.4439	33	1.2501	5	−0.1258	24
俄 罗 斯	−0.1145	26	−0.0624	12	−0.4209	33	−0.1330	25
中　　国	−0.2474	29	−0.2404	23	0.3973	18	−0.1693	26
葡 萄 牙	−0.3794	30	−0.2405	24	−0.0574	28	−0.2949	27
巴　　西	−0.0544	25	0.0439	10	−2.3881	39	−0.2956	28
南　　非	−0.1780	27	−0.2026	22	−1.4505	37	−0.3358	29
阿 根 廷	−0.0251	24	−0.2567	26	−2.4750	40	−0.3909	30
新 西 兰	−0.7015	32	−0.5895	38	0.8022	12	−0.4871	31

续表

国　家	创新绩效	排名	创新投入	排名	创新发展环境	排名	综合得分	排名
墨西哥	−0.4592	31	−0.4159	30	−0.8968	34	−0.4961	32
斯洛文尼亚	−0.7205	33	−0.5412	36	−0.0059	26	−0.5762	33
波　兰	−0.9915	37	−0.2456	25	0.3550	20	−0.5824	34
捷　克	−0.9633	36	−0.4809	35	0.5819	15	−0.6195	35
匈牙利	−0.8594	35	−0.4354	31	−0.2538	29	−0.6456	36
斯洛伐克	−0.8360	34	−0.5413	37	−0.2626	30	−0.6695	37
土耳其	−1.3062	39	−0.2025	21	−0.3503	32	−0.8227	38
乌克兰	−1.2694	38	−0.3492	29	−1.2258	36	−0.9548	39
印　度	−2.1998	40	−0.5991	39	−1.0524	35	−1.5266	40

1. 欧洲、北美洲国家服务业创新发展综合水平高于新兴经济体国家，亚洲国家中我国服务业创新发展综合水平仅高于印度

从服务业创新发展综合得分来看，排在前 15 位的国家分别是美国、卢森堡、瑞士、英国、德国、日本、新加坡、以色列、挪威、法国、丹麦、瑞典、荷兰、澳大利亚、比利时。这些国家是世界公认的创新型国家，属于第一集团。排在第 16 ~ 29 位为韩国、加拿大、意大利、爱尔兰、奥地利、西班牙、冰岛、希腊、芬兰、俄罗斯、中国、葡萄牙、巴西、南非，属于第二集团，这些国家大多为新兴经济体国家，服务经济基础条件较好，创新能力较强。我国综合得分 −0.1693，在 40 个国家中排名第 26 位，较为靠后。

从综合排名来看，美国优势明显，3 个二级指标中有 2 个排在前 6 位；欧洲地区服务业创新发展整体表现强劲，有 11 个国家进入第一集团；亚洲地区的日本、新加坡依托其突出的创新资源和发展水平，分别位居第 6 位、第 7 位。金砖国家是新兴经济体的代表，在服务业创新发展综合排名中比较靠后，如俄罗斯排名第 25 位，南非排名第 29 位，巴西排名第 28 位，印度排名第 40 位，而我国排名第 26 位。我国由于经济相对欠发达、制造业整体还处于全球价值链中低端，且 2019 年人均 GDP 刚超过 1 万美元，对服务业创新发展的需求相对较弱，加上服务业自身发展基础条件薄弱等原因，服务业创新发展整体滞后，与发达国家差距明显。总体来说，目前我国服务业发展仍然处于第二集团的靠后位置。

2. 我国服务业企业创新投入表现不足

从服务业企业创新投入的排名来看，我国排在第 23 位。一方面，我国在服务业领域研发投入不足，在一定程度上影响了服务业创新能力的提高，导致我国服务业自主创新能力不强。如我国所提供的软件和信息服务业产品和信息服务基本处于产业链低端，经济效益很低。另一方面，从我国实践来看，中高端服务业人才仍然供给不足。随着我国产业迈向中高端及人民群众多样化、多层次的服务需求不断增长，服务领域复合型、专业化人才的缺口持续扩大，但目前我国服务业人才队伍存在数量少、质量差、人才供给不足和人才结构不合理等问题，严重制约了我国服务业创新发展能力的提升。

3. 我国服务业创新绩效不足集中表现在知识密集型服务业尚未在产业融合发展中发挥引领和支撑作用

我国人口基数大，服务业创新发展基础薄弱等，导致服务业整体发展水平滞后，尤其是与西方发达国家差距较大。在服务业创新绩效方面，我国排名第 29 位，是 3 个因子中排名最低的。与发达国家相比，我国新一代信息技术与传统服务业的融合程度不够高，生产性服务业发展相对滞后，多数行业研发设计、检验检测水平有待提高，第三方物流、互联网金融等新兴业态虽发展速度较快，但依然存在成本过高、结构不完善等问题，极大影响了制造业的降本增效和第一、第二、第三产业融合发展及服务业创新绩效的提升。

4. 我国服务业创新发展环境有待进一步优化

从服务业创新发展环境得分来看，排在前 10 位的国家分别是卢森堡、韩国、德国、丹麦、芬兰、美国、挪威、新加坡、瑞典、瑞士，我国排在第 18 位，这说明我国服务业创新发展环境与发达经济体仍存在较大差距。总体上来看，当前我国服务业营商环境还有待进一步优化和改善，交通运输和信息化等成本也一直居高不下，这些都对我国服务业创新发展能力提升造成了阻碍。因此，当前我国加快服务业创新，除了加大创新物化资源与研发资金投入力度、加强人才的培养与引进等之外，还需要着重优化服务业创新环境。采取诸如切实简政放权、鼓励创新创业、优化投融资环境、完善城乡物流基础设施建设等措施，加快构建良好的服务业创新发展生态。要积极搭建更有利于创业创新的公共服务平台，不断降低服务业中小微企业和创业者的创新创业成本和准入门槛，将蕴藏于服务业创新之中的无穷创意和无限财富转化为新的产业和新的经济增长点。

5. 我国服务业发展潜力在于创新人才队伍建设和信息化水平的提升

受经济发展阶段的影响，我国服务业人均资源投入或产出的指标，如人均第三产业增加值、人均调整国民收入净额等不仅低于欧美发达国家，而且低于巴西、南非等新兴经济体。这既表明我国经济发展结构还有待进一步优化，也指明了我国未来服务业创新发展和能力提升的方向，即服务业创新发展的核心在于人，创新型人才和专业技术人才队伍的培养应该是未来提升我国服务业创新发展能力的重点和关键。因此，未来我国服务业发展应着重提升人才教育质量和信息化水平，加快提升服务业劳动生产率；同时，加快推动新一代信息技术的广泛和深度应用，为我国服务业创新发展创造更多的人才红利和信息化红利。

第五章

中国服务业创新发展能力区域评价

一、指标体系构建与数据处理

（一）指标体系构建

考虑数据的可获得性，从服务业创新发展环境、服务业创新投入、服务业创新产出 3 个方面构建指标体系（表 5-1），系统地对区域服务业创新发展能力进行评价。其中，服务业创新产出评价包括衡量服务业自身的创新发展及服务业对其他行业和经济社会的支撑引领，并通过分析比较全国 29 个省、直辖市、自治区（暂缺新疆维吾尔自治区、西藏自治区数据）的服务业创新能力，研判当前我国不同省份服务业发展所处的阶段和存在的差异。

表 5-1　中国服务业创新发展评价指标体系

一级指标	二级指标	三级指标
服务业创新发展能力评价	服务业创新发展环境	1. 人均收入水平
		2. 互联网普及率
		3. 当年新增服务业企业数占服务业企业总数比重
		4. 知识密集型服务业区位熵

一级指标	二级指标	三级指标
服务业创新发展能力评价	服务业创新投入	5. 创新服务机构单位企业获得的风险投资
		6. 开展创新活动的规模以上服务业企业数占总企业数比重
		7. 知识密集型服务业就业人数占服务业就业人数比重
		8. 科技服务及信息服务固定投资比重
		9. 服务业实际利用外商直接投资
	服务业创新产出	10. 服务业劳动生产率
		11. 知识密集型服务业增加值占 GDP 比重
		12. 规模以上服务业新产品销售收入占主营业务收入比重
		13. 规模以上服务业单位企业利润
		14. 服务贸易总额
		15. 两化融合发展水平得分
		16. 服务业社会积累率
		17. 服务业经济贡献率

（二）主要指标解释与数据来源

（1）人均收入水平。该指标用于衡量服务业发展的宏观经济环境。数据来源于《中国统计年鉴》（2018 年）。

（2）互联网普及率。该指标反映一个国家或地区经常使用互联网的人口所占比例，在国际上通常被用来衡量一个国家或地区的信息化发展程度。信息化对服务业组织变革和创新具有重大影响。数据来源于《网宿·中国互联网发展报告》（2017 年）。

（3）当年新增服务业企业数占服务业企业总数比重。该指标衡量一个地区市场活力，可间接反映服务业发展营商环境。数据来源于《中国第三产业统计年鉴》（2018 年）。

（4）知识密集型服务业区位熵。该指标衡量某一区域知识密集型企业分布情况，计算公式为：$LQ_{ij}=\dfrac{q_{ij}}{q_j}\bigg/\dfrac{q_i}{q}$。在此公式中，$LQ_{ij}$ 就是 j 地区的 i 产业在全国的区位熵，q_{ij} 为 j 地区的 i 产业的相关指标（如产值、就业人数等）；q_j 为 j 地区所有产业的相关指标；q_i 指在全国范围内 i 产业的相关指标；q 为全国所有产业的相关指标。本次评价选用增加值，数据来源于《中国统计年鉴》（2018 年）。

（5）创新服务机构单位企业获得的风险投资。该指标衡量金融资本服务创新创业的情况，主要是科技孵化器及众创空间单位企业获得的风险投资额。数据来源于《中国科技统计年鉴》（2018 年）。

（6）开展创新活动的规模以上服务业企业数占总企业比重。该指标主要是衡量规模以上服务业企业开展创新的情况。数据来源于《全国企业创新调查年鉴》（2018 年）。

（7）知识密集型服务业就业人数占服务业就业人数比重。服务业高质量发展要求有人力资本的投入。该指标采用科学研究和技术服务业，信息传输、软件和信息技术服务业占服务业就业人员比重衡量服务业高质量发展的人力资本投入。数据来源于《中国第三产业统计年鉴》（2018 年）。

（8）科技服务及信息服务固定投资比重。该指标用于衡量企业在设备、材料等固定资产方面的投入。数据来源于《中国社会统计年鉴》（2019 年）。

（9）服务业实际利用外商直接投资。外商直接投资对区域创新能力具有显著的溢出效应。该指标用来衡量服务业高质量发展的资源投入。该数据来源于各省份统计局公开数据。

（10）服务业劳动生产率。该指标用服务业增加值与就业人数之比表示，用来反映服务业高质量发展对服务业产出能力的作用。数据来源于《中国统计年鉴》（2018 年）、《中国第三产业统计年鉴》（2018 年）。

（11）知识密集型服务业增加值占 GDP 比重。该指标用服务业中信息传输、软件和信息技术服务业，金融业，租赁和商务服务业，科学研究和技术服务业等行业的增加值占 GDP 的比重表示，反映知识密集型服务业发展水平，用来测度知识经济产出和服务业产业结构优化状况。数据来源于《中国区域科技创新评价报告》（2018 年）。

（12）规模以上服务业新产品销售收入占主营业务收入。服务业技术创新和商业模式的创新可带来服务业质量和效益的提升。该指标可用来反映服务业创新发展效益。数据来源于《全国企业创新调查年鉴》（2018 年）。

（13）规模以上服务业单位企业利润。该指标用来衡量服务业企业盈利能力。数据来源于《中国第三产业统计年鉴》（2018 年）。

（14）服务贸易总额。由于目前统计数据仅获得各地区服务贸易总额，本研究拟采用服务贸易总额来衡量各区域服务贸易竞争力水平。数据来源于各省份统计局网站统计资料。

（15）两化融合发展水平得分。该指标主要衡量信息化和工业化融合水平，反映服务业对制造业的引领和支撑能力。该指标从数字化、集成互联、智能协同 3 个层面分析两化融合发展水平，数据来源于《中国两化融合发展数据地图》（2017 年）。

（16）服务业社会积累率。该指标衡量服务业在一定时期对整个社会的贡献。社会积累率 = 上缴利税收入 /（企业增加值 – 折旧）× 100%。服务业的创新发展除了要关注发展本身的提质增效外，还应关注发展结果对经济社会促进作用，是否承担了对经济社会应尽的责任。从管理者的角度出发，服务业创新发展评价更应该包括社会贡献的内容。数据来源于《中国第三产业统计年鉴》（2018 年）、《中国税务统计年鉴》（2018 年）。

（17）服务业经济贡献率。该指标用来衡量服务业对经济的贡献程度。数据来源于《中国统计年鉴》（2018 年）。

（三）数据分析与处理

对各指标原始数据进行无量纲处理后，运用 SPSS 19.0 统计学软件对指标数据进行因子分析，具体步骤如下。

1. 效度检验

首先，利用 KMO 和 Bartlett 球形检验来完成对人均收入水平、互联网普及率、知识密集型服务业区位熵、开展创新活动的规模以上服务业企业数占总企业数比重、知识密集型服务业就业人数占服务业就业人数比重等 17 项指标的相关性检验工作。将指标值导入软件后，KMO 检验值大于 0.7，球形检验 P 值

（Sig.）等于 0，小于 0.05，说明指标具有结构效度，指标之间存在着较强的相关性，可以进行因子分析（表 5-2）。

表 5-2 KMO 检验和 Bartlett 球形检验

取样足够度的 KMO 度量		0.778
Bartlett 球形检验	近似卡方	578.365
	df	136
	Sig.	0.000

2. 因子提取

通过因子提取能够将初始特征值大于 1 的因子提取出来解释总体变量。运行统计学软件进行因子分析，得出总方差（表 5-3）。

表 5-3 解释的总方差

因子	初始特征值			提取平方和载入			旋转平方和载入		
	合计	方差贡献率 /%	累计方差贡献率 /%	合计	方差贡献率 /%	累计方差贡献率 /%	合计	方差贡献率 /%	累计方差贡献率 /%
1	0.530	55.447	55.447	9.613	56.545	56.545	5.709	33.582	33.582
2	0.128	13.435	68.882	1.938	11.403	67.947	5.587	32.865	66.447
3	0.092	9.647	78.530	1.639	9.640	77.587	1.894	11.140	77.587
4	0.050	5.185	83.715						
5	0.037	3.886	87.601						
6	0.031	3.225	90.826						
7	0.025	2.605	93.431						
8	0.020	2.058	95.488						
9	0.016	1.682	97.171						
10	0.009	0.979	98.150						
11	0.005	0.556	98.706						

成分	初始特征值			提取平方和载入			旋转平方和载入		
	合计	方差贡献率/%	累计方差贡献率/%	合计	方差贡献率/%	累计方差贡献率/%	合计	方差贡献率/%	累计方差贡献率/%
12	0.004	0.451	99.157						
13	0.004	0.377	99.533						
14	0.002	0.230	99.763						
15	0.001	0.140	99.903						
16	0.001	0.057	99.960						
17	0.000	0.040	100.000						

注：在分析协方差矩阵时，原始解与重新标度的解的初始特征值相同。

提取的前 3 个因子提取平方和载入及旋转平方和载入累计方差贡献率达到 77.587%，说明这 3 个因子对服务业创新发展的影响力较大，因此可以提取 3 个公共因子。

3. 因子旋转

为使各因子能够更加清晰地反映初始变量的特征，对因子做方差极大化正交旋转，得到旋转后的正交因子载荷矩阵（表 5-4）。

表 5-4 旋转后的正交因子载荷矩阵

指　标	公共因子		
	1	2	3
人均收入水平	0.765	0.594	-0.003
互联网普及率	0.706	0.500	-0.134
当年新增服务业企业数与企业总数比重	-0.004	-0.595	-0.029
知识密集型服务业区位熵	0.384	0.863	0.050
创新服务机构单位企业获得的风险投资	0.602	0.629	0.307
开展创新活动的规模以上服务业企业数占总企业数比重	0.200	0.123	0.833

续表

指　标	公共因子		
	1	2	3
知识密集型服务业就业人数占服务业就业人数比重	0.373	0.741	0.059
科技服务及信息服务固定投资比重	0.251	−0.014	−0.594
服务业实际利用外商直接投资	0.833	0.368	0.219
服务业劳动生产率	0.500	0.759	0.231
知识密集型服务业增加值占 GDP 比重	0.836	0.416	−0.155
规模以上新产品销售收入占主营业务收入的比重	0.693	−0.170	0.499
规模以上服务业单位企业利润	0.540	0.602	0.410
服务贸易总额	0.573	0.704	0.173
两化融合发展水平得分	0.925	0.026	−0.109
服务业社会积累率	0.517	0.673	0.349
服务业经济贡献率	−0.078	0.839	−0.151

注：旋转方法为正态化最大方差法。旋转在 5 次迭代后已收敛。

由表 5-4 可以看出，公共因子 1 在人均收入水平、互联网普及率、服务业实际利用外商直接投资、知识密集型服务业增加值占 GDP 比重、规模以上服务业新产品销售收入占主营业务收入的比重、两化融合发展水平得分上有较大载荷，可命名为服务业创新绩效；公共因子 2 在当年新增服务业企业数与企业总数比重、知识密集型服务业区位熵、创新服务机构单位企业获得的风险投资、知识密集型服务业就业人数占服务业就业人数比重、服务业劳动生产率、规模以上服务业单位企业利润、服务贸易总额、服务业社会积累率、服务业经济贡献率上有较大的载荷，可命名为服务业创新投入；公共因子 3 在开展创新活动的规模以上服务业企业数占总企业数比重、科学研究服务及信息固定投资比重上有较大载荷，可以命名为服务业创新基础因子。

4. 成分得分系数矩阵

通过前 3 个因子的特征值及特征向量，运行软件学软件还可以得出各因子的得分系数矩阵（表 5-5）。

表 5-5　得分系数矩阵

指　　标	创新绩效	创新投入	创新基础
人均收入水平	0.108	0.058	−0.071
互联网普及率	0.133	0.044	−0.166
当年新增服务业企业数与企业总数比重	0.078	−0.141	−0.009
知识密集型服务业区位熵	−0.037	0.157	−0.006
创新服务机构单位企业获得的风险投资	0.025	0.078	0.113
开展创新活动的规模以上服务业企业数占总企业数比重	−0.036	−0.004	0.527
知识密集型服务业就业人数占服务业就业人数比重	−0.032	0.170	−0.001
科技服务及信息服务固定投资比重	0.083	−0.030	−0.271
服务业实际利用外商直接投资	0.151	−0.031	0.067
服务业劳动生产率	−0.011	0.111	0.069
知识密集型服务业增加值占 GDP 比重	0.224	−0.015	−0.223
规模以上服务业新产品销售收入占主营业务收入的比重	0.213	−0.215	0.304
规模以上服务业贸易总额单位企业利润	0.005	0.052	0.112
服务贸易总额	0.017	0.105	0.046
两化融合发展水平得分	0.368	−0.218	−0.204
服务业社会积累率	−0.002	0.066	0.091
服务业经济贡献率	−0.197	0.360	−0.121

注：旋转方法为凯撒正态化最大方差法，系数为标准化系数。

3 个公共因子可以通过得分系数矩阵形成新的变量来取代原有的 10 个指标变量，综合得分表达式为：

$$F=0.506F_1+0.271F_2+0.223F_3$$

二、评价结果分析

通过因子分析的结果，可以得出全国各省份创新发展得分及排名（表 5-6），并对全国各省份创新发展情况有一个总体认识。

表 5-6　全国各省份创新发展得分及排名

省份	创新绩效	排名	创新投入	排名	创新基础	排名	综合得分	排名
北京市	1.4037	5	3.4462	1	1.5457	1	1.7215	1
上海市	1.7705	3	2.0025	2	0.5671	8	1.6551	2
广东省	1.9842	1	0.4304	7	0.2522	13	1.5407	3
江苏省	1.7787	2	0.7525	5	−1.1079	24	1.2693	4
浙江省	1.4606	4	0.4202	8	−0.2234	18	1.0985	5
福建省	0.8067	7	0.3126	13	0.3165	10	0.6731	6
山东省	0.8999	6	−0.2500	18	−0.4785	21	0.5596	7
天津市	0.7067	8	1.1228	3	−2.2662	29	0.3985	8
四川省	0.1098	12	0.3315	11	1.4318	2	0.3066	9
湖南省	0.4253	9	−0.4786	23	0.2810	11	0.2745	10
安徽省	0.2263	11	−0.2156	16	1.1049	3	0.2705	11
重庆市	0.2820	10	0.3438	9	−0.1335	17	0.2394	12
湖北省	0.0750	13	0.4876	6	0.1864	14	0.1495	13
陕西省	−0.1296	16	−0.3715	21	0.9103	4	−0.0359	14
江西省	−0.0706	14	−0.9062	28	−0.0287	16	−0.1882	15
河北省	−0.1040	15	−0.5171	24	−0.3994	20	−0.2014	16
河南省	−0.2696	18	−0.2206	17	0.0191	15	−0.2265	17
贵州省	−0.2809	19	−0.7700	27	0.6400	7	−0.2383	18
辽宁省	−0.2310	17	0.3330	10	−1.6174	26	−0.3204	19
宁夏回族自治区	−0.9198	25	0.3278	12	0.7652	6	−0.5271	20
吉林省	−0.5996	20	−0.0177	15	−0.9591	23	−0.5587	21
广西壮族自治区	−0.7182	23	−0.2747	20	−0.2435	19	−0.5941	22
山西省	−0.6897	22	0.1401	14	−0.9447	22	−0.5995	23
海南省	−1.1587	28	0.7746	4	0.8960	5	−0.6193	24
青海省	−0.7970	24	−0.6522	26	0.3484	9	−0.6334	25
内蒙古自治区	−0.6483	21	−0.4048	22	−1.1116	25	−0.6701	26
云南省	−1.0237	26	−0.2504	19	−2.0708	28	−1.0402	27
黑龙江省	−1.0465	27	−0.6204	25	−1.7211	27	−1.0677	28
甘肃省	−1.8855	29	−1.3541	29	0.2614	12	−1.5407	29

1. 服务业创新发展综合能力呈现出东部、中部、西部和东北部地区依次递减的特征

从全国各省份服务业创新发展综合能力来看，东部地区要大幅领先于中西部地区，尤其是北京市、广东省、上海市、江苏省和浙江省引领发展的地位十分明显；中部地区要领先于西部地区和东北部地区。服务业创新发展综合得分排名前10位的省份分别是北京市、上海市、广东省、江苏省、浙江省、福建省、山东省、天津市、湖南省、四川省。可见，东部沿海地区在服务业创新发展上的引领地位十分突出。另外，北京市、广东省、上海市、江苏省和浙江省服务业创新综合得分均超过1，大幅领先全国其他省份。同时，中西部地区的湖南省、四川省、安徽省、重庆市、湖北省等迅速崛起，成为区域服务业发展新亮点。但从区域发展比较来看，发展水平滞后的省份仍主要集中于中西部地区和东北部地区。这说明我国服务业创新能力与经济发展水平具有较强的正相关性，经济较发达的东部地区，服务业创新能力较强；经济增长速度较快的中部地区，服务业创新能力处于中等；经济较落后的西部地区和东北部地区，服务业创新能力较弱。这说明经济基础不但决定着服务业的有效需求，而且也影响着创新能力。

2. 中部地区和西部地区在创新基础等方面也具有一定比较优势

从服务业创新发展的基础来看，北京市、四川省、安徽省、陕西省、海南省、宁夏回族自治区、贵州省、上海市、青海省和福建省排名前10位。湖南省、甘肃省、广东省、湖北省、河南省服务业发展基础能力得分均为正数，排在第11～15位。其余14个省份得分均为负数。其中，浙江省、山东省、江苏省、天津市服务业发展基础排名分别为第18、第21、第24、第29位，这与服务业创新发展能力综合得分排名不一致。部分东部地区开展创新活动的规模以上服务业企业数占总企业数比重、科技服务及信息服务固定投资比重2项指标表现较弱。原因可能是部分东部发达地区服务业企业数量较多，因而降低了有创新活动服务业企业的占比；同时，东部地区的广东省、山东省、江苏省、天津市等的固定资产投入更多地投向工业领域，对科技服务和信息服务固定资产投入占整个固定资产投入的比重则要相对偏低。中部地区和西部地区虽然服

务业创新能力综合得分要低于东部地区，但在创新基础等方面也具有一定比较优势。从创新基础排名来看，四川省、贵州省、陕西省、安徽省排名分别为第2、第7、第4、第3位。四川省成都市、陕西省西安市、安徽省合肥市的科教资源，贵州省近年来大数据产业发展成效明显，因此这些中西部省份在服务业创新基础方面表现抢眼。

3. 东部地区服务业创新投入要高于东北部和中西部地区，东北部地区和中部地区又要高于西部地区

从服务业创新投入得分来看，北京市、上海市、天津市、海南省、江苏省、湖北省、广东省、浙江省、重庆市、辽宁省排名前10位；四川省、宁夏回族自治区、福建省、山西省创新投入得分为正数，排在第11～14位。其余15个省份的得分均为负数。整体来看，仍然是东部地区的服务业创新投入要高于东北部和中西部地区，东北部地区和中部地区又要高于西部地区。这说明我国东部地区在新兴服务业企业培育、服务业产业集聚度、服务业创新融资能力、服务业人力资本、服务业生产效率及国际贸易总额等方面要大大领先于中西部和东北部地区。东北部地区服务业创新发展基础较好，但人才支撑保障能力不足，急需引进和培育专业人才队伍，并导入先进服务要素来加快实现创新发展，并进而带动老工业基地制造业的转型升级和农业高质量发展。中西部地区人才流失严重，已成为制约服务业发展的最主要瓶颈。实现差异化人才引进和培养政策，促进服务业的创新创业，既是解决中西部欠发达地区服务业创新发展的根本途径，也是促进整个产业转型升级和经济社会高质量发展的核心。

4. 中部地区在服务业创新绩效方面同东部地区差距正在逐步缩小，西部和东北部地区同东部地区的差距仍然明显

从创新绩效得分来看，广东省、江苏省、上海市、浙江省、北京市、山东省、福建省、天津市、湖南省和重庆市排名前10位；安徽省、四川省、湖北省创新绩效得分为正数，排名第11～13位；其余16个省份因子得分均为负数。这与各省份服务业创新能力综合得分比较一致，仍然是以东部地区遥遥领先于中西部和东北部地区。说明东部地区在互联网普及率、服务业实际利用外商直接投资、知识密集型服务业增加值占比、服务业规模化程度、先进制造业

与现代服务业融合发展水平等方面要领先全国其他地区。相对而言，市场化程度较高的广东省、江苏省、上海市和浙江省则较北京市排名更靠前。中部地区的湖南省、安徽省、四川省和湖北省等在服务业创新绩效方面取得长足进步，同东部地区的差距正在逐步缩小。中部、西部和东北部地区其他省份的服务业创新绩效仍然有待提升。

5. 东部地区急需综合协调服务业创新基础投入，东北部、中部及西部地区则需在服务业创新投入和发展水平方面进一步提升

服务业创新能力的形成是创新投入、创新环境、创新产出等多个因素相互作用的结果，只有平衡和协调各方面的影响因素，形成系统的服务业创新推动力，才能提高服务业的综合创新能力。忽视哪一个方面的因素，都会影响服务业综合创新能力的提升。因而，东部地区在培养和提高服务业创新能力过程中，也要综合协调服务业创新基础投入，推动服务业创新创业环境进一步优化。东北部、中部及西部地区在创新基础等方面也具有一定的比较优势，但整体上服务业创新投入和发展方面仍需进一步优化。东北部地区有著名的老工业基地，其支柱性产业——装备制造业、冶金、石化等，都面临着产能过剩、产业升级和技术升级的严峻挑战。在这种情况下，东北部地区应大力发展生产性服务业，加大创新投入，促进生产性服务业与传统制造业、能源行业的融合发展，以有效地解决产业升级发展的困境，促进两大产业持续健康发展，从而实现区域振兴。中部地区服务业生产率及服务业创新投入相对于东部来说都较小，但在未来的服务经济竞争中，如果能加大服务业创新投入，加强知识产权保护，合理规划和促进产业集聚，就能够缩小与东部地区的差距。西北部地区除四川省和重庆市排名较为靠前外，宁夏回族自治区、甘肃省、内蒙古自治区、青海省服务业排名靠后，在服务业整体发展不均衡且平均水平落后的情况下，改善服务业发展的基础环境，保证金融、物流、商贸的畅通，提升服务业的规模总量是更为可行及迫切的需求，要推进区域之间互相连通，包括开辟交通和物流通道，实现贸易和投资便利化，推进金融合作，以较好地提升该地区的服务业总体水平。

第六章

中国服务业行业创新发展评价

一、指标体系构建与数据处理

（一）指标体系构建

国内外关于产业创新影响因素的探讨主要基于"创新投入—创新产出"的研究思路，关注各种要素投入（如资金、技术、人力资本、制度与政策等）对产业或企业创新产出的影响。根据创新的内涵与数据的可得性，本课题以批发和零售业，信息传输、软件和信息技术服务业、住宿和餐饮业、房地产业、租赁和商务服务业，科学研究和技术服务业，水利、环境和公共设施管理业，居民服务、修理和其他服务业，教育，卫生和社会工作，文化、体育和娱乐业作为研究对象，通过测度服务业创新投入和服务业创新产出，建立服务业创新能力评价指标体系（表6-1）。

表6-1　服务业细分行业创新发展评价指标体系

一级指标	二级指标	三级指标
服务业细分行业 创新发展评价	行业创新投入	1. 新增固定资产投资
		2. 本科以上就业人员占比
		3. 有电子商务交易活动数比重

续表

一级指标	二级指标	三级指标
服务业细分行业创新发展评价	行业创新投入	4. 外商直接投资
		5. 技术合同引进
	行业创新产出	6. 营业利润率
		7. 规模以上服务业单位企业利润
		8. 劳动生产率
		9. 重大科技成果
		10. 税收实际贡献

（二）主要指标解释与数据来源

（1）新增固定资产投资。该指标反映服务业企业通过投资活动所形成的新的固定资产价值。数据来源于《中国统计年鉴》（2015—2018 年）。

（2）本科以上就业人员占比。该指标反映某一行业在发展过程中对高素质劳动力的吸纳程度。数据来源于《中国人口和就业统计年鉴》（2015—2018 年）。

（3）有电子商务交易活动数比重。该指标反映各行业信息化水平情况。数据来源于《中国统计年鉴》（2015—2018 年）。

（4）外商直接投资。该指标反映各行业利用外商投资的情况。数据来源于《中国统计年鉴》（2015—2018 年）。

（5）技术合同引进。该指标反映各地区政府支持服务业技术资源的引进、扩大对外开放、参与国际合作与竞争的情况。数据来源于《中国科技统计年鉴》（2015—2018 年）。

（6）营业利润率。该指标衡量服务业盈利能力的指标。数据来源于《中国第三产业年鉴》（2015—2018 年）及《中国贸易外经统计年鉴》（2015—2018 年）。

（7）规模以上服务业单位企业利润。该指标衡量服务业盈利能力。数据来源于《中国第三产业年鉴》（2015—2018 年）及《中国贸易外经统计年鉴》（2015—2018 年）。

（8）劳动生产率。该指标反映服务业各细分行业高质量发展对服务业产出能力的作用。数据来源于《中国第三产业年鉴》（2015—2018年）。

（9）重大科技成果。该指标反映服务业各细分行业的创新产出。数据来源于《中国科技统计年鉴》（2015—2018年）。

（10）税收实际贡献。该指标衡量服务业创新发展的社会效益。数据来源于《中国税务统计年鉴》（2015—2018年）及《中国贸易外经统计年鉴》（2015—2018年）。

（三）数据分析与处理

1. 标准化处理

由于各指标的量纲、数量级及正负取向均有差异，所以对各个指标做无纲量化处理。

2. 计算指标信息熵及指标评价权重

根据全局熵值法综合评价的具体实施步骤，运用所得的无量纲数据计算信息熵和相对应的评价指标权重（表6-2）。

表6-2　服务业各细分行业信息熵及指标评价权重

一级指标	二级指标	三级指标	信息熵	指标权重熵	准则层权重
服务业细分行业创新发展评价	行业创新投入	新增固定资产投资	0.8147	0.1052	0.4339
		本科以上就业人员占比	0.9028	0.0552	
		有电子商务交易活动数比重	0.8141	0.1055	
		外商直接投资	0.8951	0.0596	
		技术合同引进	0.8088	0.1085	
	行业创新产出	营业利润率	0.8721	0.0726	0.5661
		规模以上服务业单位企业利润	0.8693	0.0742	
		劳动生产率	0.8484	0.0860	
		重大科技成果	0.7274	0.1547	
		税收实际贡献	0.6856	0.1785	

由表6-2可知，从客观赋权的结果来看，行业创新投入各指标差异较大，权重为0.4339；而行业创新产出各指标差异较小，权重为0.5661，说明相对于行业创新产出，行业创新投入各指标区分度高，对服务业各细分行业创新评价的影响作用也较大。在具体分析各指标的权重差异时发现，在行业创新投入方面，新增固定资产投资、有电子商务交易活动数比重、技术合同引进3项指标的权重最大，分别为0.1052、0.1055、0.1085，说明信息化水平及服务业扩大开放对服务业创新能力所起的作用较大；本科以上就业人数占比和外商直接投资2项指标的权重相对较小，表明人力资本知识溢出和外商投资技术溢出效应尚未在服务业各行业创新发展中充分发挥作用。在行业创新产出方面，重大科技成果、税收实际贡献2个指标的权重较大，是影响行业创新产出的重要因素之一；而营业利润率、规模以上服务业单位企业利润和劳动生产率权重较小，分别为0.0726、0.0742和0.086，说明这3个指标的数值离散程度较小，提供的信息量较少，因而对服务业创新能力评价所起的作用也较小。根据以上分析可知，为提高现代服务业行业创新能力，我国可以从扩大服务业开放和提升服务业各行业劳动生产率两方面着手，对相对较弱的行业给予帮助和支持。

二、评价结果分析

在计算出各指标权重的基础上，就可以计算服务业细分行业创新投入、创新产出和综合评价得分及排名（表6-3）。

表6-3　服务业细分行业创新发展得分及排名

行　业		2014年		2015年		2016年		2017年	
		得分	排名	得分	排名	得分	排名	得分	排名
行业创新投入	批发和零售业	6.887	9	9.173	5	13.987	5	11.009	7
	交通运输、仓储和邮政业	26.372	1	26.506	1	33.497	1	27.430	2

续表

行业		2014 年		2015 年		2016 年		2017 年	
		得分	排名	得分	排名	得分	排名	得分	排名
行业创新投入	住宿和餐饮业	17.766	2	7.226	9	7.293	9	7.520	8
	信息传输、软件和信息技术服务业	9.117	6	21.787	2	23.918	2	30.567	1
	房地产业	7.419	8	8.762	6	9.697	7	11.603	6
	租赁和商务服务业	9.496	5	8.631	7	14.354	3	15.147	4
	科学研究和技术服务业	9.567	4	11.838	3	14.174	4	20.259	3
	水利、环境和公共设施管理业	9.590	3	10.446	4	11.599	6	13.341	5
	居民服务、修理和其他服务业	3.335	12	2.884	12	4.223	12	3.677	12
	教育	6.886	10	7.048	10	6.990	10	7.457	9
	卫生和社会工作	4.954	11	5.194	11	5.321	11	5.143	11
	文化、体育和娱乐业	8.657	7	8.136	8	8.128	8	7.446	10
行业创新产出	批发和零售业	4.514	11	4.463	11	4.947	11	4.558	11
	交通运输、仓储和邮政业	21.610	2	21.727	1	26.643	1	23.605	1
	住宿和餐饮业	8.720	6	8.761	8	8.760	7	8.908	7
	信息传输、软件和信息技术服务业	12.628	4	12.633	4	12.412	4	12.757	4
	房地产业	5.840	10	5.307	10	5.487	10	6.293	10
	租赁和商务服务业	8.901	5	10.951	5	9.792	5	8.756	8
	科学研究和技术服务业	15.466	3	14.308	3	14.850	3	16.973	3
	水利、环境和公共设施管理业	5.913	9	5.610	9	5.696	9	6.473	9
	居民服务、修理和其他服务业	8.668	7	10.128	7	5.997	8	10.094	6
	教育	25.488	1	10.402	6	9.689	6	10.709	5
	卫生和社会工作	6.070	8	20.736	2	20.839	2	21.079	2
	文化、体育和娱乐业	3.853	12	4.243	12	3.390	12	3.500	12

续表

行　业		2014 年		2015 年		2016 年		2017 年	
		得分	排名	得分	排名	得分	排名	得分	排名
综合评价	批发和零售业	11.400	11	13.635	10	18.934	6	15.567	10
	交通运输、仓储和邮政业	47.982	1	48.233	1	60.140	1	51.035	1
	住宿和餐饮业	26.486	3	15.987	8	16.053	9	16.428	9
	信息传输、软件和信息技术服务业	21.745	5	34.420	2	36.330	2	43.324	2
	房地产业	13.260	8	14.070	9	15.185	10	17.896	8
	租赁和商务服务业	18.397	6	19.582	5	24.145	5	23.903	5
	科学研究和技术服务业	25.033	4	26.142	3	29.024	3	37.231	3
	水利、环境和公共设施管理业	15.503	7	16.057	7	17.295	7	19.814	6
	居民服务、修理和其他服务业	12.003	10	13.012	11	10.220	12	13.771	11
	教育	32.375	2	17.450	6	16.679	8	18.167	7
	卫生和社会工作	11.024	12	25.930	4	26.155	4	26.221	4
	文化、体育和娱乐业	12.510	9	12.379	12	11.518	11	10.946	12

1. 信息传输、软件和信息技术服务业，科学研究和技术服务业创新发展综合能力逐年提升

从综合得分看，2014—2017 年除住宿和餐饮业，教育，文化、体育和娱乐业外，其他行业创新发展综合评价得分均有不同程度的增加，但各行业差异较为明显。其中，信息传输、软件和信息技术服务业，科学研究和技术服务业综合得分增加幅度明显高于其他行业，这得益于我国对服务业创新发展的重视及行业自身创新的快速积累。总体来看，交通运输、仓储及邮政业综合评价得分最高，信息传输、软件和信息技术服务业综合得分排在第 2 位，得分最低的是文化、体育和娱乐业。2017 年与 2014 年相比，排名基本不变的有交通运输、仓储及邮政业、房地产业、租赁和商务服务业、居民服务、修理和其他服务业及科学研究和技术服务业，排名上升的有信息传输、软件和信息技术服务业、卫生和社会工作。

2. 交通运输、仓储和邮政业，科学研究和技术服务业及信息传输、软件和信息技术服务业创新投入得分排名靠前

从服务业行业创新投入得分看，2014—2017年，住宿和餐饮业，水利、环境和公共设施管理业及文化、体育和娱乐业排名下降；居民服务、修理和其他服务业及卫生和社会工作排名基本不变；信息传输、软件和信息技术服务业和租赁和商务服务业排名上升。总体来看，交通运输、仓储和邮政业，科学研究和技术服务业以及信息传输、软件和信息技术服务业这3个行业排名靠前，这也与我国目前知识密集型服务业快速发展趋势相吻合。

3. 交通运输、仓储和邮政业创新产出得分最高，始终位居第一，其余行业均有小幅变动

从服务业行业创新产出得分看，2014—2017年，交通运输、仓储和邮政业得分最高，始终位居第1；排在第2、第3位的是卫生和社会工作及科学研究和技术服务业；房地产业、批发和零售业及文化、体育和娱乐业创新产出排名靠后；其余行业均有小幅变动。其中，租赁和商务服务业2017年排名下降幅度较大；房地产，科学研究和技术服务业，水利、环境和公共设施管理业和文化、体育和娱乐业排名基本不变。

第七章

国际服务业创新发展经验和启示

当前，世界已进入以创新要素全球流动为特征的开放创新时代。大数据、云计算、移动互联网、物联网等新一代信息技术在服务业领域中产生和应用，将使新型服务业态在全球范围内迅速成长。通过对全球典型国家服务业创新的经验梳理和案例研究分析发现，服务业创新发展已成为各个国家建设现代化经济体系的重要战略支撑。

一、德国服务业创新发展经验

自 20 世纪 90 年代以来，德国经济逐渐转向服务化，服务业增加值占各行业总增加值的比重由 1991 年的 62% 上升到 1999 年的 69%，并在 2000 年以来相对稳定地保持在 70% 左右。近年来，德国服务业的发展呈现出以高新技术为核心、以技术进步为基础的特征，从传统的运输业、建筑业转向研发、计算机、金融、保险、物流、会展等高端服务业。德国以创新促进服务业高端化发展的经验值得学习和借鉴。

（一）以"工业 4.0"促进生产性服务业与制造业融合发展

作为先进制造业强国，德国生产性服务业占 GDP 的比重为 45% ～ 50%。德国的生产性服务业是在制造业的基础之上发展起来，有着浓厚的制造业色彩。"工业 4.0"是德国政府提出的一个高科技战略计划，旨在提升制造业的智能化水平，建立具有适应性、资源效率及人因工程学特征的智慧工厂，在商业流程及价值流程中整合客户及商业伙伴，技术基础是网络实体系统及物联网。"工业4.0"概念包含了由集中式控制向分散式增强型控制的基本模式转变，目标是建立一个高度灵活的个性化和数字化的产品与服务生产模式。核心是"智能＋网络化"，即通过物联网应用，将生产中的供应、制造、销售信息数据化、智慧化，推动产业链向下游延伸，做好售后服务；同时，通过数据反馈，向产业上游延伸，为研发设计提供数据支撑，开展个性化定制等新型服务。"工业4.0"主要分为三大主题：一是智能工厂，重点研究智能化生产系统及过程，以及网络化分布式生产设施的实现；二是智能生产，主要涉及整个企业的生产物流管理、人机互动及3D技术在工业生产过程中的应用等；三是智能物流，主要通过互联网、物联网、物流网，整合物流资源，充分提升现有物流资源供应方的效率。

（二）制定普惠性政策为企业提供"竞争前"研发服务

德国政府坚信市场的力量，认为政策制定者不得干涉企业之间的竞争。如果政府对特定企业给予过多关注，在一些情况下将被视作违法行为，相关地方政府就必须依法向其他企业支付补偿，或者接受来自欧盟的处罚。因此，地方政府的引进政策中很少会将资金直接注入特定企业，而是投资建设可以供多家企业共同使用的基础设施或中介机构。德国地方政府可以为进驻特定地区的企业提供税收优惠（有许多不够富裕的地区就利用这一策略来吸引企业进驻），但这类优惠必须惠及这一地区内的所有企业，而非仅仅针对某一行业的特定企业。在直接资助知识密集型服务活动方面，德国政府只为企业提供"竞争前"研发服务，即不直接应用于市场的基础研发。德国州政府也不会资助开发直接应用于市场的服务，而是由私营企业自行开发。尽管地方政府可以并且也已经设立官办研究机构来为当地工业提供服务，但这些机构必须是非营利的，所提供的服务也是最基本的解决方案，至多为企业提供一些原型。

（三）以专业性、标准化推动服务业发展

为使提供的服务更加标准、科学和严谨，德国在服务业发展的初期即开始

服务标准的制定。早在 1996 年，德国就已成立标准委员会，该委员会主要职责就是制定和修订服务标准。除此之外，德国于 1999 年提出一项大型的标准化科研计划项目——"为了全球市场的服务标准"。例如，非常有德国特色的物流业，有着一套非常严谨的标准，物品在装箱之前已实现托盘标准化，在装箱时则采取集装箱标准化，而在运输时则采用运输工具标准化。同时，条形码的使用也非常普及。在德国高速公路上，所能见的运输货箱基本都具有相同的外部尺寸；在物流仓储中心内，可以发现每一条条形码都对应着一件商品，通过条形码，企业员工可以非常迅速且方便地对货物进行统计、整理和取放。这些标准的建立大大提高了运行效率，节省了人力成本和时间，也使得服务过程更加精准、科学和严谨。2009 年，德国还成立了服务业标准委员，该委员会主要负责制定基础性工作，针对的对象是终端客户和企业。

（四）大力支持平台化机构和服务组织发展

为支持服务业发展，德国一些地方政府通过支持设立中介组织，专门为当地服务业企业提供支持。地方政府通常会负担该组织 1 ~ 2 名全职经理的薪水。这类组织的主要职责就是提供某一产业最新发展信息，撮合潜在商业合作伙伴（即关系网建设），并在可能的情况下为员工提供特别教育培训。虽然这些平台化的机构和组织并不能直接向企业提供经济支持，但能够为某一特定服务业的客户与供应商搭建良好的关系网络，是吸引企业进驻的一大亮点。同时，德国各类专业服务协会具有较大规模和影响力，在行业发展中具有重要作用。如德国咨询协会（BDU）的主要职能是帮助会员单位改善咨询服务环境，通过定期出版刊物、资料，不断宣传协会和咨询企业；为会员单位提供咨询经验、信息交流、咨询培训；帮助会员单位协调各种社会关系，使会员单位在社会中树立良好形象；帮助会员单位开发市场、寻找客户等。德国贸易展览业协会（AUMA）是德国展览业界的代表性组织，成员包括展览组织、观众协会和博览会公司。AUMA 的主要任务是向国内外对德国展览会感兴趣的个人或团体提供信息和咨询服务，维护展览业界的利益，推广德国各展览中心的项目，提高展览市场的透明度，代表官方参加海外展览会。AUMA 拥有广泛的展览信息和来自各方面对展览业的支持，出版多种刊物，同时还为个体参展商选择展览项目提供咨询。

德国贸易展览业协会

德国贸易展览业协会是德国展览业的权威组织。德国经济部和德国展览业协会专门制定了出国参展的具体促进措施。德国促进参展的措施有下面几种。一是信息台。设立官方信息台是一种最简单的方式。信息台配有相关行业的专门信息员，信息员熟悉展览和行业情况，能向参展商提供诸如行业趋势、发展走向等信息，同时还承担在企业间牵线搭桥、总结展览经验、撰写展会报告等工作。二是企业结伴参展。企业结伴参展是德国到国外参展的常见形式。政府对企业的资助是间接的，主要对强化展台效果给予技术和组织支持。资助主要是提供给执行公司，由执行公司再提供给参展企业一系列的具体服务。此外，执行公司可以根据企业的需要，提供各类有偿服务，如展台设计、搭建及雇请翻译等。三是专业研讨会。专业研讨会即企业报告会，这种报告会只有在结伴参展的基础上才能举行。四是信息中心。信息中心是在信息台的基础上扩展而成的，为感兴趣的企业提供洽谈间，可在有限的范围内展示产品目录、模型、小型展品。五是特别展览。为展示某个行业，可举行特别展览。特别展览给企业提供展示产品生产项目的机会。六是展示德国经济的特别活动。

当没有相应的展览会和博览会时，德国也会在国外举办一些特别活动，如举办德国技术展、单个行业的展出等。除了以上参展促进措施外，德国各州政府也大力扶持本州企业，尤其是中小企业参加国外展览。德国各州的出国参展计划需同德国贸易展览业协会协调商定，作为联邦出展计划的补充，并统一收编于每年的出国参展计划。

（五）以双轨制教育为支撑，强化高素质的人力资本保障

优秀的劳动力决定了德国服务业较高的生产率。德国具有世界一流的教育水平，能够在知识经济时代培养出适合知识密集型服务的高级人才。同时，在职业培训领域，德国拥有独特的双轨制教育体系。双轨制教育为应用型人才培养提供了有力支撑。德国的双轨制教育就是课堂和工厂结合，理论与实践同步，学校、企业及政府三方协力完成一项职业教育计划。双轨制教育源自德国的学徒制，注重理论与实践相结合，培育了大量专业技能型人才。1969年，德国《职业教育法》确定了双轨制教育的法律地位。之后颁布的《职业教育促进法》，更进一步促进了双轨制教育成为体系完备、组织紧密、流程严谨的教育模式。双轨制教育的有效运行得益于有力的资金保障和充分的社会认同。一是德国政府强有力的教育经费保障。二是德国社会对职业教育一视同仁的文化环境。双轨制教育是一个终身制教育体系，灵活、开放是其特征，可满足社会公众终身教育的需求。

二、日本服务业创新发展经验

长期以来，日本政府十分重视服务业的发展，将服务业与制造业视为社会发展的双引擎，在制定经济发展战略和政府工作规划的过程中更是着重突出服务业的重要地位。随着日本国内制造业加快向海外转移，服务业在经济和社会发展中所占的地位越来越重要。日本服务业产值占其国民生产总值的70%以上，服务业已成为日本经济的支柱性产业。日本服务业发展经验可以从两个方面进行概括：一是注重国内产业建设，二是推动对外贸易和对外投资的发展。在经历了重化工业、汽车业的发展战略调整后，以知识、技术密集型为代表的信息、金融等服务业成为日本经济发展的助推器。

（一）专门设立"服务科学"和"服务工学"学科

为了将其他科学方法与工学方法应用于服务业创新，2007年日本政府成

立了专门的"服务科学"和"服务工学"研究工作组，辅助制定服务业研究技术路线图。2008 年，日本经济产业省下属独立行政法人产业技术综合研究所成立了服务工学研究中心，主要任务是制定技术战略路线图，解释和预测医疗保健、零售业、金融业、饮食业等服务产业的核心技术；文部科学省专门举办了服务科学与工学推进研讨会，以研究利用科学方法和工学方法寻求解决各种社会问题的对策。同时，日本政府还在产业技术综合研究所新能源产业技术开发机构内设立服务研究基地，开展相关研究并推进和加强服务领域的产学合作和技术转移。2010 年，日本独立行政法人科技振兴机构下属社会技术研发中心开始实施"问题解决型服务科学研发"计划，公开征集能够解决服务创新问题的有效技术与方法，形成"服务科学"的技术和方法论，为未来各领域服务创新奠定基础。

（二）建立服务提供者与消费者联系机制

2007 年，日本经济产业省在财团法人社会经济生产性本部（现更名为公益财团法人日本生产性本部）设立了服务产业生产性协议会，以此作为提高日本服务业生产效率的产学官合作平台。服务产业生产性协议会致力于研究日本版客户满意度指数（JCSI），以便对不同行业服务的价值进行客观的评价和比较。JCSI 包括 6 个考虑因素：顾客满意度、顾客期待值（利用前的期待）、感观品质（利用时的质量评价）、感观价值（对价格的接受度）、口头宣传（向他人推荐）及使用费（继续使用意向）。2010 年，该协议会利用 JCSI 对 31 个行业的 350 家大企业进行了客户满意度调查。该协议会还基于 JCSI 针对中小企业开发了"服务评价诊断系统"（SES），以便能够低成本地调查和分析中小企业的客户满意度。日本政府为服务产业生产协议会提供了资金和政策上的支持，以便于协议会向各级组织和团体普及和推广 JCSI 及建立服务品质认证机制。日本经济产业省认为，日本服务业竞争力之所以低下，主要就是因为中小企业仍然依靠感觉和经验来经营（中小企业在日本服务业中大约占 98%）。因此，中小企业应采取高效的、标准化的经营模式，进一步提高附加值。在此背景下，日本经济产业省出台了服务业改善标准框架，提出了提高服务业生产率的基本方针和大体框架。基本方针主要是指通过实现当前问题与预期成果的可视化，实现当前标准的定量化，明确目标与现实的差距，着手解决问题，以提高服务业的生产率。同时，设立政府咨询服务窗口，考虑到服务业领域新创中小企业较多，日本政府将不断完善支援体制，设立中小企业基础建设机构等更多咨询窗口，为发展困难的中小型服务业企业提供帮助。

（三）推动服务业与制造业关联化发展

1. 推动科技服务业与制造业融合发展

20 世纪 90 年代的日本处于"失去的十年"阶段，国内产业空洞化和人口老龄化问题凸显，赶超能力衰退，传统的以吸收模仿型科技发展路径为主要特色的技术立国战略难以为继；国际上又面临美国在信息化等领域一系列新兴技术产业的挑战，20 世纪 80 年代所形成的全球经济霸主地位的优势基本丧失殆尽。日本对此高度重视，抓住新一轮技术革命和全球产业结构调整重组的时机，于 1995 年颁布了《科学技术基本法》，提出大力发展科技服务业。日本政府将《科学技术基本法》提高到介于宪法和专门法之间的地位，并在提案理由说明书中明确提出日本要把科学技术创造立国作为基本国策。1996 年，日本制订了第 1 个为期 5 年的科学技术基本计划，调整了以往赶超时期的科研思路，提高对基础性和开拓性领域研究投入的比重，改善研究开发的软硬环境，以切实提高自主创新能力。为适应新时期制造业转型升级的需要，日本采取一系列具体措施，加强科研投入，完善科技创新体制，深入改革研究开发系统、人才培养方式和产官学研究机制，为提高自主创新能力和增强科技服务业对制造业发展的促进作用保驾护航。

第一，改革科技管理体制。例如，合并文部省和科技厅为文部科学省，扭转了原来条块分割的科技服务资源行政管理格局，使得促进科技发展上升为统一的国家级的政府职能；把原有的日本科学技术振兴事业团改组为拥有独立行政法人地位的日本科学技术振兴机构，隶属于日本文部科学省，作为实施日本科学技术基本计划的核心机构，从而保障计划中各项工作要点的切实推进和充分落实。

第二，优化研究开发系统。通过立法明确研发战略方向，把信息技术、生命科学、环境和纳米技术等作为研发系统的重点发展目标；研发经费以民间来源为主，运用对象也主要是民间企业和研究机构，政府通过科研补助金、委托研究费和研究奖励金等引导民间科研服务资源流向符合政府规划目标的发展领域；把国立大学和国立研究所转变为独立法人，使得日本科技服务业得以进一步摆脱传统藩篱，形成跨省厅、多机构、多群体的开放性竞争合作格局，优化了研发环境，整合了科技服务资源，提高了资源利用绩效；增加女性人才和国外人才比例和数量，从税收和人事等角度推进官产学结合，增强科研人员的流动性，避免学术近亲繁殖和学阀专擅；广泛开展国际研究交流，紧跟信息化和知识经济发展步伐；还设立专门的技术转让机构，以促进研发创新成果的推广和产业化。

第三，出台人才培养计划。日本提出要在 21 世纪头 50 年里培养 30 个诺贝尔奖获得者。为此，日本制订了"240 万科技人才开发综合推进计划""21 世纪卓越研究基地计划"和"科学技术人才培养综合计划"，改革大学教育体制，建立一流的人才培养基地，着力培养信息技术、环境、生物、纳米材料等学科的创新型和应用型高端人才。

2. 推动信息服务业与制造业融合发展

日本在实施科学技术创造立国战略的过程中，顺应信息化和知识经济的时代潮流，进一步提出"IT 立国"，颁布了《推动形成高度信息化社会基本法》，并于 2001 年提出要力争在 5 年之内成为世界上最先进的 IT 国家之一。为此，日本成立了由首相牵头并由内阁成员充任的 IT 战略本部，设立由索尼公司董事长担任委员长的 IT 战略会议，官商合作推进 e-Japan 战略，将包括信息服务业和 IT 制造业在内的信息产业作为关乎国民经济发展未来的重点投资方向之一，力求让日本能站在全球科学技术发展和高新技术产业升级的制高点上。日本 IT 战略本部每年都制订出台年度 e-Japan 重点计划，并随着信息技术的不断发展和信息化水平的不断提高而及时调整；日本还进一步提出 u-Japan 的构想，推动信息服务资源的普及化、便利化和个性化，紧密结合研究与应用、IT 制造业与信息服务业、信息化与经济结构调整，把日本建设成完全意义上的信息社会。

日本在明确 IT 立国发展战略后，通过《个人信息保护法》和颁布新的产业标准分类，明确了信息服务业的定位，以更好地规划利用和充分发展信息服务资源。日本政府一方面通过政府采购、研发资助和官产学研究平台等推动信息技术创新和产业化，另一方面还发挥官商合作传统，通过日本信息处理开发协会、日本信息服务产业协会、日本电子信息技术产业协会、日本信息处理振兴事业协会等半官方机构来沟通政企关系，为企业提供技术咨询和研究成果产业化中介服务等。

日本政府在产业联动发展过程中发挥作用较大，强调在市场基础上的计划调节作用，并重视官商合作与官产学结合，通过各种正式和非正式途径引导生产性服务业的发展。其中，科技和信息服务业与制造业之间的联动发展关系尤为突出。自 2000 年以来，日本科技服务业与 IT 制造业和信息服务业互动发展，科技和信息服务业又共同参与了对日本制造业技术装备、经营模式、生产环节和产业链条的改造升级，并通过引入新兴产品和衍生产品等方式培育制造业新的增长点，三者互动发展，共同刺激乃至引导市场需求，扩大就业，从而加快日本经济复苏。

（四）建立完善的人才培养体系

围绕服务业创新发展，日本建立了较为完善的职业技能教育体系。日本的职业教育由文部科学省负责，职业培训分为公共职业培训和企业内部职业培训。公共职业培训分别由雇佣事业促进团（半官方机构）和地方政府管理的职业培训机构组成，主要以公共和公益性的培训为主。企业内职业培训则由企业组织实施。日本企业十分重视人力资源开发，一般大型企业都建有设备良好的训练基地，用于培养在职员工和新进企业的员工，中小型企业则通过联合举办或租用学校场地的途径来解决训练基地的问题。日本企业内职业教育有两种形式：一种是一面工作，一面进行职业教育和训练；另一种是根据责任职位的不同，由企业分期分批进行集中训练。日本的高技能人才培养紧密结合产业转型升级与经济社会发展的需求。日本的高等教育和高专教育都有坚持产学结合的办学特点，产业界为高专教育提供参观学习的机会，提供研究项目和经费；高专学校为产业界提供大量技术人才，帮助企业培训研究人员以增强技术开发能力。自 20 世纪 80 年代开始，日本就确立了技术立国的发展战略，服务业人才培养向科技、金融等产业转型。日本各职业教育学校纷纷进行了专业的调整，如将原来的综合学科分解为若干小学科，废止不再适应产业发展的学科，开设新兴产业发展所需的专业。与此同时，日本的职业教育以私立为主，规模通常在 800 人以下，办学方式灵活多样，课程设置的现实针对性很强，再加上严谨的治学精神，使所培养的技能人才符合产业发展与转型升级的需求。

（五）重视服务业新业态的统计方法创新

由于新商业模式层出不穷，服务产业结构变化很快，很难进行统计。而且，国际上尚未确立统一的、较为妥当的服务统计方法，很难对服务业的生产率进行测算。对此，日本政府与产业界合作，重新审视日本标准产业分类方法，不断完善就业统计、需求方统计、产业状况统计等服务业相关统计方法。同时，还以经济产业研究所为中心，推进生产率测算和原因分析等生产率相关研究。

三、美国服务业创新发展经验

美国是世界上服务业高度发达的国家之一，特别是信息咨询服务业、金融、法律、电子商务、财务审计和科学技术研发等知识密集型生产性服务业的快速发展，拉动了美国经济的增长。例如，纽约市重点发展金融、法律、咨询等现代服务业的模式，"斯坦福 + 硅谷"推动金融和科技融合的模式。总结美国服务业发展的特点，主要有两个：强大的科技创新能力和大力度的国外市场拓展。促进美国服务业发展的制度因素包括完整的产业政策、健全的财税政策、完善的法律法规和健全的行业协会等。

（一）以战略规划引导区域错位发展

以美国纽约市为例，20 世纪 50 年代以来，市政府为加强产业结构调整，制定了一系列战略规划，引导生产性服务业发展。2008 年后纽约政府积极扶持生物科技、信息技术等新兴技术部门发展，组建纽约大学理工学院数字媒体孵化器、曼哈顿下城新企业孵化器等组织。纽约市政府于 2010 年提出打造新一代科技中心的目标，并于 2012 年指出要打造"东部硅谷"。在纽约政府支持下，曼哈顿区硅巷呈现出适合互联网和移动通信技术初创企业成长的业态系统，成为纽约市经济增长的主要引擎。与硅谷重视软硬件研发不同，集聚在硅巷的高科技企业将发展重点放在为传媒、出版、广告及商业等服务业提供生产性服务，集中在互联网应用技术、社交网络、智能手机等领域。同时，纽约市政府注重结合不同地区的特点，发挥区域的比较优势，形成各具特色的服务业功能区。如曼哈顿下城区重点打造金融等知识密集型生产性服务业集群，布鲁克林区则侧重发展包括零售批发等在内的中低端生产性服务业，而相对落后的布朗克斯区发展与布鲁克林区相近的生产性服务业。在《纽约 2030 规划》（2011 年修订）中，纽约市政府为保持金融、贸易中心的地位，在曼哈顿下城、中城河布鲁克林中心区等中央商务区的基础上，推进曼哈顿上城、布朗克斯区的哈勃、昆斯区的长岛市、皇后区的法拉盛和牙买加等区域性商务中心发展。

（二）持续强化服务业企业创新投入和改革

美国是当今的高科技中心，这与其巨大的研发投入是密切相关的。据美国国家科学研究委员会的报告，2017 年美国的研发投入已经达到了 4960 亿美元（约人民币 3.17 万亿元），占据了全球总研发投入的 26%，其中信息与通信、商务与研发、金融与保险等知识密集型服务业的研发经费占企业研发经费的比重超过了 20%，呈现出研发投入日益向知识密集型产业（包括高技术制造业和知识密集型服务业）聚集的特征。与此同时，美国一直致力于扶持民间公司进行服务创新改革。如国际商业机器公司（IBM）积极推动服务科学，目的是通过系统性整理，将服务业相关的研究成果及知识建成一门学问。IBM 公司不但分享其在服务科学管理工程方面的研究成果，也提供研究资金给各国优秀大学及研究单位，研究及设立服务科学管理工程相关课程，以期培育服务业跨领域人才。又如 Peer insight 是国际知名顾问服务公司，该公司擅长领域为服务创新、顾客洞察需求设计与开放式创新服务研究。他们创造创新的策略，提供设计产品、空间、服务与经验，成功辅导过欧美等 500 多家制造业服务化，对未来全球化竞争发展下的策略蓝图有深入的了解，曾为普华永道会计师事务所（Price Waterhouse）建立全球性的竞争力优势分析比较量表，带领 80 多家全球性企业利用 7 项创新量表指标，成功地辅助许多全球性的企业在短时间内将服务网点扩展到海外国家。

（三）推进数字经济基础设施建设和鼓励创新

从 1993 年克林顿政府提出"国家信息基础设施行动计划"以来，美国就非常重视数字经济基础设施的建设。这为数字经济的发展奠定了坚实基础。最新发展战略是 2018 年特朗普政府颁布的《国家网络战略》，其中提到要"促进 5G 安全技术的发展，研究基于技术和频谱的解决方案，并为下一代先进技术之外的创新奠定基础"。同时，从 2009 年起，美国国家经济委员会等发布了多版《美国国家创新战略》，以推动和鼓励创新。2015 年发布的新版《美国国家创新战略》强调了九大战略领域，其中包括智慧城市、计算机新领域等与数字服务相关的领域。

（四）加快培育更好地服务于实体经济的新兴金融

美国硅谷银行的科技金融极为活跃，既创新了风险投资、硅谷银行、新型孵化器、纳斯达克市场等金融模式，成为"创业—孵化—集群"发展范式的重要驱动因素；又与大数据、区块链、人工智能等前沿科技融合，催生区块链金融、机器人投资顾问、互联网金融等新业态。同时，美国大力推进企业上市和并购重组，借力资本市场加速产业转型升级。美国在 20 世纪经历了横向并购、纵向并购、混合并购、杠杆并购、跨国并购 5 次并购浪潮，几乎所有美国大企业均是通过并购重组方式成长起来的。供应链金融是产业发展模式升级的自然演化方向，美国在工业最强盛时期开始发展供应链金融，已成为提升产业链综合竞争力、实现企业盈利的关键。

（五）强化专业人才培养，满足企业发展需求

美国政府非常重视人才建设。多年来，美国一方面通过一流的大学、企业等培养相关人才，另一方面通过优厚的移民政策来吸引外国优秀人才。例如，1965 年美国颁布的《外来移民与国籍法修正案》提出，每年分配 2.9 万个移民名额给全球各国的高级人才。《国家网络战略》中虽然没有对数字经济人才方面做出整体规划，但对网络安全方面的人才则做出了详细规划，指出一方面要建立和维持人才渠道，一方面要扩大美国工人的再教育和就业机会，以发展强大的网络安全人才队伍。以美国纽约市为例，为满足高科技企业发展和产业结构优化的人才需求，2011 年市政府在罗斯福岛斥资 1 亿美元对基础设施进行升级改造，与康奈尔大学和以色列理工学院合作兴建新校区，主要提供计算机科学、电子与计算机工程、信息科技等方面的专业学位教育。同时，纽约市政府还推出了《纽约人才引进草案》，通过三种方式招聘人才：一是资助市内创业企业高管去全美院校如哈佛大学、康奈尔大学等招收计算机科学、信息技术等专业学生，分享创业经验；二是定期组织各大院校的学生来纽约市访问参观企业；三是通过直播访谈节目的方式对企业高管或创业者就纽约市创业环境等进行对话，在线回答全美各地观众的问题。

四、欧盟服务业创新发展经验

20 世纪 80 年代末期以前，欧盟认为服务业是创新落后和低生产率的，虽在 20 世纪 90 年代开始关注服务活动的创新，但仍局限于技术创新与技术研发活动。直到 2005 年前后，欧盟才彻底转变这种落后的服务创新观念，并开始挖掘服务活动的创新性，服务业创新发展的绩效和方向日益凸显：一是服务业正变得更具研发密集性，二是服务业的创新性不断增强，三是服务创新以非技术性、非具体化的创新为主。在此基础上，欧盟调整了具体化、以制造业为重

点的创新政策，研究和制定促进服务业创新的政策，基本框架主要有以下五个方面。

（一）加强区域合作，建立一体化的欧洲内部服务市场

欧盟认为，欧洲服务市场的分割程度更甚于制造产品市场，这种市场分割形成的贸易壁垒对中小型服务业企业的影响尤其严重，因为它们比大型企业更容易失去跨境的商业机会，而中小型企业在服务业中占据主导地位，这势必会影响服务业创新发展。2006 年 12 月，欧盟颁布《关于内部市场服务业指令的第 2006/123/EC 号欧洲议会和理事会指令》，要求欧盟各成员国确保其服务市场的自由准入和非歧视待遇，取消跨境经营企业必须在营业地设立独立分支机构的要求，取消对企业在其他成员国进行服务型经营要向当地政府报批的要求，规定欧盟各成员国应在 2009 年 12 月前完成符合该指令所需的国内立法及行政规定。欧盟还要求各成员国在某些关键服务领域相互承认专业资格，以促进内部劳动力自由流动，以及知识密集型商业服务业企业的发展和国际化扩张。与服务相关的标准制定也是欧盟打破服务市场分割的政策改革措施，如通过制定更恰当的法规、标准和规范来提高市场透明度等。此外，通过区域合作提高服务自由化程度也是推动服务创新的一个途径。2006 年欧盟委员会发布的报告认为，在全球范围内打开市场对鼓励欧洲服务创新同样非常重要。

（二）强化服务业知识产权保护

较高标准的知识产权保护对推动企业创新至关重要，因为它直接影响企业的创新投入决策。由于服务本身的无形性及服务创新中存在大量的非技术创新等原因，服务业企业利用知识产权保护自身创新的行为远少于制造业企业。某些形式的服务创新，如商业模式创新等，无法通过专利权获得知识产权保护。根据欧盟创新调查，创新型服务业企业申请专利、外观设计注册和商标的比例分别为 8.3%、16.3% 和 9.8%，即使是服务业企业中最具有知识产权保护倾向的知识密集型商业服务业企业，其比例也仅为 12.0%、17.6% 和 8.7%，而创新型制造业企业相应的比例分别为 20.4%、18.8% 和 18.7%。欧盟意识到知识产

权保护对中小型服务业企业尤其重要，因为企业发展初期的融资和固定成本投入严重依赖知识产权保护。因此，欧盟于 2009 年专门成立一个专家组，在知识产权保护领域从支持中小型企业的角度提出政策建议，希望成员国政府部门在不同类型服务业要素支持方面提高协调性。

（三）推动服务业人力资本积累与产学研合作

制造业企业认为机器设备投入、研发投入、设计及相关活动投入是最重要的投入，服务业企业（知识密集型商业服务业企业除外）则认为最重要的投入是培训、新产品市场推广及知识获取。知识库包含两层含义：一是服务业企业内部的人力知识与技能，二是服务业企业与外部知识供给部门如高校、研究机构等的联系与合作。欧盟主要从两个方面推动服务业企业知识库的扩充与深化。第一，研究对应于服务创新的教育和培训需求，并以此为基础推动相关正规教育与职业培训方向的调整。例如，支持跨学科的"服务工程"或"服务科学"培训与学习，探索将税收抵免政策扩展到创新型服务业企业的知识与技能培训方面。第二，促进知识从外部知识机构向服务业企业进行有效转移，特别是解决服务业企业知识需求与外部机构知识供给错配的问题。例如，鼓励社会经济研究更多地关注服务创新问题，为服务活动提供基本的研究平台，以及通过搭建知识平台（如欧洲知识密集型服务业创新平台）或启动具体的公共项目实践，强化服务业企业与知识机构的相互联系等。

（四）利用政府采购培育"创新型"服务需求

相对于制造业，服务业提供服务时与消费者的联系更直接、更紧密，对创新型服务的需求从根本上支配着服务创新的活跃程度。根据针对欧盟和美国的服务创新调查结果，缺乏新服务需求是阻碍服务创新的最大障碍。如果欧盟不能为创新型产品或服务提供市场，那么这些企业将无法生存，更难以走出欧洲。除个体消费者或企业对创新型服务的需求以外，政府采购也对服务创新起到不容忽视的引导作用。据估算，欧洲的政府采购约占经济总量的 16%，按照价值计算，采购中大约 2/3 是服务采购。为培育"创新型"服务需求，欧盟一方面推动各成员国政府鼓励个体消费者或企业购买创新型服务，另一方面指导成员国在政府采购中扩大对创新型产品和服务的采购比例。2006 年欧盟的《政府采购公共指令》为创新型产品和服务招标提供了更多空间；2007 年的"政府采购中的创新型解决方案指引"为相关政府采购方充分利用前述指令促进创新提供了指导。

（五）服务创新支持的政策依据加速成熟

一是从市场失灵与系统性失灵角度更深入地考量服务创新的政策需求。在实证的基础上，欧盟将服务创新障碍归结为市场失灵和系统性失灵。市场失灵主要是指阻碍服务创新的风险与不确定性，包括不充分的市场竞争、知识产权保护不足等，这就需要制定系统性、水平性的服务创新政策。系统性失灵是指整个服务创新体系的效率问题，包括服务创新体系结构性、制度性、管理性缺陷，企业整体创新管理能力缺乏，整个创新网络中不同行为方之间的联系不足导致知识转移缓慢，以及人力资源和公共知识库与创新需求不匹配等问题，需要通过制定具体性、针对性的政策来解决。

二是对服务创新的测度更加精确和恰当。在服务创新测度方面，欧盟于2008 年改善了欧洲创新记分牌统计方法和指标体系，以更好地反映服务部门创新及服务创新的非技术性特征。欧盟 2009—2012 年的"欧洲服务创新支持政策和工具"（EPISIS）项目确定了 29 个服务创新指标，调查服务业企业创新状况，评估服务创新政策的微观影响。这 29 个指标分为 3 类：第一类，判断企业是否具有服务创新主观意向的投入指标，如研发支出、信息通信及软件投资、员工培训支出及频率、员工学历学位水平等；第二类，判断企业实现服务创新的中间指标，如新的服务产品或提供方式、企业组织架构重大改变、营销理念或策略重大改变、特定的知识产权保护申请或知识产权购买、服务产品数字化等；第三类，判断服务创新价值实现的产出指标，如新服务产品的市场开发、服务创新带来的生产率提高、成本削减、交付时间缩短、客户满意度提高，或者新服务产品的销售额贡献率、收益率、利润率等。

三是政策关注从服务业创新扩展到服务创新。服务业创新是指服务产业内部的创新过程，服务创新是指服务活动的创新过程。近年来，欧盟的服务创新政策开始更多地关注跨产业的服务活动。欧盟委员会在 2012 年以前发布的研究报告基本都以"服务业创新"为主题，2012 年 EPISIS 项目完成的最终报告将主题确定为"服务创新"，并指出"服务创新"遍及整个经济社会，从服务部门到传统制造部门，在所有产业中都有所发展。造成这种变化的最主要原因是服务业与制造业的边界越来越模糊。一方面，内部服务效率对制造业企业竞争力的重要性已超过技术、资产等传统决定因素，制造业为更好地迎合消费者需求，逐渐向"以用户为中心、以服务为导向"的商业模式转变；另一方面，服务业企业产业链也逐步向制造业延伸。在价值链上处于主导地位的服务业企业，凭借其技术、管理、销售渠道等优势，通过贴牌生产、连锁经营等方式嵌入制造业企业，共同为消费者提供服务。

四是开始强调和关注需求端服务创新政策。2007 年，欧盟服务创新专家组在研究报告《促进服务创新》中提出，大部分政策制定者对创新政策的需求端视角都很陌生。欧洲 8 个创新机构于 2007 年年底共同签署了《欧洲服务创新备忘录》，认为"服务创新政策制定应该更多地关注于刺激和引导市场的需求端创新政策"。但实际上，在各国创新政策实践中，供给端政策仍占主导地位。服务创新与仅购买技术或任何其他形式的产品不同，它更侧重于让企业从用户需求出发，逆向寻找解决方案，并最终在服务用户的过程中创造价值。因此，用户在设计、发展和提供服务过程中参与程度越高，越有利于提高服务创新效率，这种用户驱动的特征使服务创新对需求端政策更加敏感。EPISIS 的最终报告认为，需求端创新政策与服务创新政策均在不断发展，越来越多的成员国会启动这类政策，这意味着欧盟必须对通过需求端政策促进服务创新保持高度关注。

五是研究利用创新网络与服务业集群促进服务创新。从本质上讲，创新网络与服务业集群都属于产业集群的范畴，产业集群往往可以形成创新型发展的核心。现代商业环境下，服务业企业已无法仅依靠开发内部知识成功实现创新，必须充分利用外部知识来提高自身的创新能力，由此逐渐形成了对服务业开放式创新的内在要求。创新网络恰恰包括某一产业部门或专业领域的企业、知识机构甚至相关用户群，形成一个合作与知识分享的约束性框架，并为企业的结构、管理和组织创新提供便利。不少欧盟成员国已开始利用区域性集群项目促进创新，其中有些项目包含针对具体服务产业的政策，如英国的区域发展机构启动的集群政策包含软件服务、数字内容服务。现有产业集群绝大部分以制造业企业为核心，服务业企业仅起到外部知识导入的功能，很少关注专门针对服务业企业的产业集群政策。近年来，欧洲创新项目资助的"欧洲集群瞭望台"项目负责向政策制定者、研究者及企业发布关于欧洲集群、政策和项目的信息，以及这些集群组织的综合数据库和映射图。

五、国际服务业创新发展经验启示

（一）大力推动新技术的渗透和应用是促进服务业转型升级的重要抓手

模式与业态创新是制造业和服务业高质量发展的重要方向。当前，新一轮科技革命与产业变革方兴未艾，不断催生新的商业模式与产业业态。一方面，传统服务业企业越来越多地利用"互联网＋"等科技手段延伸服务链，服务增值成为企业收入和利润日益重要的一个来源。另一方面，数字化技术实现了服务体系内数据的高效传递，使企业各业务部门和业务单元之间、供应链上下游企业之间及分散的个人生产之间实现协同，共同高效地完成产品的开发设计和生产活动。如韩国首尔市建设了全球最顶尖的数字经济基础设施。2015 年，首尔市政府提出"数字首尔 2020"发展计划，大数据、物联网、云计算和地理信息系统等技术被运用于安全、社保、物流、医疗健康、文化旅游等服务领域，并面向公众公开了所有非保密数据，打造公共数据开放平台，通过数字经济来为服务业发展提供新动力。美国"再工业化"战略把大力发展工业互联网作为重要战略任务，力促信息技术与制造业的深度融合。德国聚焦智能制造后端，搭建智能化平台，供企业进行创新开发及实验，特别应用于移动、机械、工厂、贸易、物流、医疗、能源及消费等智能服务应用领域，促成不同产业领域共同构建生态环境。新时期，在推动服务业与制造业融合方面，应该优先发展信息技术、科技研发和推广等知识信息密集型服务业，有效提升服务业整体水平和服务能力；信息化支撑下金融服务、物流服务等行业发展水平的提高，也将有利于企业降低交易费用，促进生产效率的提高。

（二）加快人才引进和培养成为推动服务业创新发展的关键力量

针对我国服务业转型发展需求，重点围绕文化旅游、科技服务、电商物流、软件与信息技术等服务业业态，增加对海内外服务业领域高层次领军人才和专业管理人才及创新创业团队的引进。加快服务业专业人才的培养与培训，探索实施制造业和现代服务业技能型紧缺人才培训工程，培养高素质的技能型人才。健全以企业为主体的多层次人才培养机制，支持高等院校、职业学校和科研院所与有条件的企业合作建设人才培养和实训基地，采取"订单式"、委托代培等方式开展技能人才培养，构建基地化、实训化的人才培育体系。搭建线上线下服务业创业交流和对接平台，大力发展互联网远程教育和培训。加强行业企业、职业院校合作，大力推行企业新型学徒制，着力培养各类应用型服务技能人才。实施劳动者技能素质提升工程，完善现代技工教育和职业培训体系，培养出一支高技能服务人才队伍。同时，要完善服务业人才评价及激励机制，建立健全以创新能力、服务质量和综合贡献为导向的服务业人才评价体系，形成并实施有利于服务业人才潜心研究和创新的评价制度。

（三）厚植服务创新资源基础是推动服务业创新发展的根本前提

服务业最重要的生产要素是人，人的素质是关系服务业发展兴衰的关键。促进产业和学术界之间的交流，优化教育体系，为服务业开发人力资源提供基础条件。同时，支持技能评估制度创新，完善教育方案，为服务行业制定共同的技能标准，提供相应的人力资源发展系统、资格制度等，是人力资源开发的必要条件。我国在制定服务业创新政策时，应在相关法律和政策中强调服务创新的核心理念，尤其应强调非技术性创新的重要性。同时，加强服务业主管部门与科技主管部门之间的联系，将非技术创新的因素纳入创新指标体系。服务创新政策的主要内容包括提高服务业组织创新能力、优化市场环境、加大财政金融政策的支持、加强服务创新国际合作等，尤其应注重服务业领域内知识产权正式保护与非正式保护的相互配合。

（四）扩大服务业对外开放合作是促进服务业创新发展的有效手段

加强服务业扩大开放政策集成，逐步构建与国际通行规则相衔接的服务业开放体系，是推动我国服务业"走出去"和"引进来"的根本途径。国际经验显示，必须要通过服务业的对外开放与合作加快引进新理念、新模式、新技术和新业态。新时期，我国应大力支持服务贸易企业通过境外投资建设国际营销网络和研发中心、引进先进技术和商业模式等方式拓展国际市场，鼓励具备条件的服务业企业"走出去"参与"一带一路"建设，不断扩大中医药、工程承包等服务贸易出口。加快推进"中国服务"公共信息服务平台建设，支持跨国企业到中国开展服务外包业务，对引进的国际性、全国性、区域性服务业企业总部给予支持。加快推动跨境电子商务综合试验区发展，支持开展跨境电商保税备货业务。支持中心城市先行先试自贸试验区外商投资准入负面清单服务业相关开放举措，探索进一步放宽服务业外商投资准入。优化外商投资企业设立备案登记事项，建立健全与负面清单管理方式相适应的事中事后监管制度。

第八章
中国服务业创新发展经验和启示

要坚持创新在我国现代化建设全局中的核心地位，把科技自立自强作为国家发展的战略支撑。作为科学技术代表的信息传输、软件和信息技术服务业对我国 GDP 的贡献率在最近几年一直不低于 10%。世界知识产权组织（WIPO）认为，中国已经从主要的技术使用者转变为技术生产者，科技创新逐渐成为我国经济增长的重要推动力量。但与此同时，自主创新能力仍然是制约我国服务业发展的要素之一，如信息传输、软件和信息技术服务业由于自主创新能力不足，缺乏核心技术。我国所提供的产品和信息服务基本处于产业链低端。同时，我国在服务业领域研发投入的不足，也在一定程度上影响了服务业创新能力的提高。近年来，我国一些地方也开始重视新兴技术在服务业领域的渗透和应用，在以技术创新支撑和引领服务业创新发展方面进行了许多有益的探索，并取得重要成效。国内典型地区服务业创新发展的经验和做法值得全国学习和借鉴。

一、上海市静安区服务业创新发展经验

"十三五"以来，上海市静安抓住上海市"五个中心"建设、深化自贸试验区改革等重大契机，依托综合改革试点这一上下联动的平台机制，在国家发展和改革委员会、上海市委市政府的指导和支持下，结合产业基础优势落实试点任务，合力谋划机制创新和政策创新，主动向上争取谋求改革突破，探索

出一条体现国家要求、上海特色、静安特点的服务经济创新发展之路。

（一）争取先行先试，突破服务业体制机制约束

静安区始终坚持国家服务业综合改革试点与上海自贸试验区"双试联动"，从重点产业需求及企业发展和项目建设面临的问题出发，努力争取上级部门支持，率先探索了进口服装面料预评估、焙炒咖啡开放式生产许可审查、小额贷款公司同业拆借，先后复制或同步实施自由贸易账户、离境退税试点、检验检测行业资质审批告知承诺制、进口非特殊用途化妆品备案试点等改革创新事项，突破服务业发展中的体制机制约束。

商贸服务业方面，上海市市场监管局（原上海市食品药品监督管理局）制定了《上海市焙炒咖啡开放式生产许可审查细则》，为星巴克咖啡烘焙工坊项目排除最大法规障碍，为后续的发证和事后监管制定了相关依据。静安区多部门联合协作，向上争取，探索开展焙炒咖啡开放式生产许可审查试点，支持星巴克开发咖啡烘焙、生产、教育、零售体验服务于一体的综合性咖啡体验业态，推动传统业态向体验式消费和服务消费转变，为上海市和全国其他同等类型的商业模式和业态提供了前沿性的参考试点样本。推进进口非特殊用途化妆品备案改革试点，使此类产品进入中国市场的时间从 3～6 个月大幅缩短至 5 个工作日，产品基本实现与国外同步上市，解决了多个化妆品总部企业的政策诉求。

金融服务业方面，积极复制自贸区金融改革成果，截至 2020 年 12 月，共有 740 家企业纳入自由贸易账户体系。进一步畅通跨境资本双向流通渠道，推进企业参与合格境内有限合伙人（QDLP）和合格境外有限合伙人（QFLP）试点。成立上海市首家由国资参股、服务双创发展的静安众创空间小额贷款公司，为区域内的众创空间提供更多金融选择。推动上海市小额贷款公司首个同业拆借试点项目——上海静安维信小额贷款有限公司同业拆借试点，上海静安维信小额贷款有限公司和上海大众小额贷款股份有限公司签署同行拆借协议。

文化创意产业方面，开设影视艺术类企业注册绿色通道，提高影视企业名称注册流程的便利化程度。取消电影制片单位、摄制电影片许可证（单片）审

批项目。对艺术品经营单位备案项目，进一步简化办事流程，做到当场受理、当场办结、当场发证。娱乐类审批时限在原 20 个工作日缩短 1/3 基础上，再提速到 10 个工作日办结。对经营多个娱乐项目的内资单位，文化经营许可证和娱乐经营许可证二证合并统一为娱乐经营许可证，承接市政府下放的演出、互联网上网服务营业场所等行政审批项目。

检验检测认证服务业方面，承接落实自贸区检验检测领域 3 项改革措施，完成全市首家实验室地址变更事项和标准变更事项的告知承诺审批。落实上海市市场监管局（原上海市质量技术监督局）与静安区合作协议，进一步将检验检测机构资质认定告知承诺制的适用范围扩大到计量认证的复查和扩项等。开放检验检测市场，让区内符合资质条件的第三方检验检测机构开展区域内低压电器、电水壶及插头插座监督抽查业务。

信息服务业方面，按照上海市《公共信息资源开放试点工作方案》的工作要求，协同推进政府信息、公共信息等数据资源开放共享。积极探索推进大数据资源交易，上海数据交易中心制定完成《个人数据保护原则》《流通数据处理准则》等较为完整的数据交易流通规则，自主研发了软件定义安全模型等平台交易技术。

贸易便利化方面，静安区近年来在上海海关的支持下，为区内总部企业、国际品牌、进出口业务、新型贸易模式等提供政策支持和指导服务，进一步提升了贸易便利化水平。一是优化企业通关服务，推进便捷高效的快速通关模式和一站式窗口服务。落实 2016 年年初与上海海关、上海出入境检验检疫局（简称"国检"）签订的合作备忘录，国检窗口在区行政服务中心正式启用，机构改革后进一步推进海关监管点建设。优化企业通关服务，对有特殊时间要求的货物实施"7×24"全天候预约通关，开展进口服装面料预评估，支持静安区知名品牌企业获得进口服装质量预评估资质，享受高等级的检验监管模式，推行绿色通道、快速放行等便利举措，帮助路易威登、迪奥、古驰、普拉达、飒拉等品牌企业获得了预评估资质。此举大大提高了货品的通关速度，降低了企业的经营成本。二是开展离境退税"即买即退"试点，芮欧百货（上海）有限公司成为上海市首批 3 家离境退税"即买即退"试点之一。拓展区内离境退税试点范围，推进南京西路离境退税示范街的建设。截至 2019 年 12 月，区内离境退税商户 115 家，自 2016 年 8 月起，共成功退税 7000 余单，涉及金额 2 亿元，退税业务量占全市的 40%，客单价为 2.85 万元。推进设立免税店，上海中服出国人员服务有限公司（中服上海免税店）落户曹家渡商圈。三是推动总部经济贸易便利化，积极与上海海关签署合作备忘录，主动对接静安区总部企业需求，支持总部提高海关信用等级，引导企业申请海关高级认证；支持企业优先参与海关各项业务改革试点，推动地区总部向亚太总部、全球总部升级。

（二）集聚国际要素，构建开放型高端服务业体系

一是实施"全球服务商[①]计划"。2019 年 6 月，基于总部经济发达、专业服务优势突出的特点，对标国际一流标准和上海全球资源配置功能和开放枢纽门户功能，彰显"最国际、最上海"的城区特色，静安区将专业服务业作为提升高端服务业发展能级和深化改革开放的重点领域，正式公布"全球服务商计划"；并于 2021 年 2 月出台"全球服务商计划"专项政策，聚焦专业服务细分领域，开展战略招商、精准招商，集成涵盖金融、会计、咨询、审计、广告、人力资源、检验检测、国际会展、科技服务等在内的专业服务全生态系统。通过对标 GaWC175 名录[②]（全球化与世界级城市研究小组全球服务机构名录），进一步集聚和培育在国内外具有较高知名度、信誉度和引领作用的服务经济企业、组织与机构，打造具有全球资源配置力和影响力的高端服务业集群，不断增强"国际静安"的核心竞争力、投资吸引力、辐射影响力、功能承载力，为服务长江三角洲一体化、"一带一路"桥头堡建设提供强有力的支持。当前，

---

① "全球服务商"是指全球经济大循环中的"超级联系体"，在价值链高端环节，在国内外具有较高知名度、信誉度和引领作用的服务经济企业、组织与机构。

② GaWC 名录的排名依据是高端生产性服务业在全球城市的分布情况。其研究方法是基于世界知名的 175 家高端生产性服务业企业（包括 75 家银行/金融/保险企业、25 家会计师事务所、25 家律师事务所、25 家广告企业和 25 家管理咨询企业）的全球商务网络（总部和各级分支机构的分布网络）为指标，对世界 707 座城市进行排名，关注的是该城市在全球活动中具有的主导作用和带动能力。

"全球服务商计划"已经列入上海市"十四五"规划。据统计，静安区"全球服务商计划"发布一年多来，取得了显著成效。第一批 48 家全球服务商 2020 年共实现税收 158 亿元，已成为静安区经济发展的中坚力量。

二是打造全球商业品牌高地。静安区根据南北狭长的区域地形，实施"一轴三带"的发展战略。其中，南京西路两侧高端商务商业集聚带突出"国际化、高端化、品质化"特征，努力打造世界级中央商务区主干街区，已成为上海市乃至整个中国楼宇经济发展的成功样板和高端品牌汇聚高地，集聚了一批国际知名企业。截至 2021 年 2 月，静安区跨国公司地区总部达到 88 家，汇集国内外品牌数超过 3000 个，国际知名品牌占比超过 60%，是上海市高端品牌密度最高的地区。静安区率先在上海市倡导线下实体店试点"7 天无理由退货"。鼓励本土品牌坚持创意和匠心，大力实施品牌战略，传承老字号品牌，塑造本土原创品牌，发展特色礼品 / 伴手礼商店，雷允上、百雀羚等老字号品牌已作为"国礼"走向世界。苏州河两岸人文休闲创业集聚带加快高品质综合功能开发，努力打造具有全球城市中央活动区品质的大都会中心。建成博华广场、世纪盛荟广场等一批高品质产业载体，积极引进高端商业品牌，2018 年，全球第六家宝格丽酒店落户苏河湾。中国上海人力资源服务产业园区、达邦国际广告楼等成为区域产业发展亮点。中环两翼产城融合发展集聚带着力打造现代服务业产城融合先行区，南北两翼特色鲜明、融合发展。南翼大宁地区依托"环上大国际影视产业园区"和"灵石中国电竞中心"，促进影视、电竞产业联动发展。截至 2019 年年底，园区累计引进影视企业 270 家，汇集了电竞游戏厂商、赛事运营公司、电竞俱乐部等知名电竞企业 26 家。大宁音乐广场、静安大融城等大型商业中心相继开业，大宁商圈作为北上海商业中心的地位日趋彰显。北翼的市北高新园区品牌效应显著，依托上海大数据产业基地建设，形成了以大数据产业为龙头，软件信息、检验检测等产业为重点的高新技术服务产业集群。

（三）做强园区平台，促进产业集聚和创新突破

一是推动上海市北高新技术服务业园区转型发展和服务平台建设。上海

市北高新技术服务业园区（以下简称"市北园区"）成立于1992年8月，由走马塘工业小区改造而成，是上海市北四区（原闸北区、宝山区、虹口区、普陀区）的"三废转移功能区"，2010年原闸北区获批第一轮国家服务业综合改革试点，市北园区紧紧抓住这一历史机遇，以生产性服务业为抓手促进老工业基地转型，利用工业厂房承重能力高、电力设备配套齐全的独特优势，大力发展云计算产业，从"黑烟囱"变身为"云园区"，形成了以总部经济为主导，软件信息、检测认证、节能环保、人力资源、金融衍生为特色的专业服务业发展格局。2017年之后，原闸北区、静安区"撤二建一"，为市北园区带来了新的发展机遇，园区凭借多年积累的软件信息服务业发展优势，成为首个上海市大数据产业基地，进入了发展数字经济新阶段。上海数据交易中心、上海大数据中心先后落户静安区，并成功获批"上海市大数据城市管理和社会治理试验区"、国家新型工业化产业示范基地（大数据·静安区）。经过转型发展，市北园区发展取得了显著成效，连续多年综合发展指数在上海市5平方千米以下开发区中名列前茅，先后获得"国家级生态工业示范园区""国家新型工业化产业示范基地""国家高技术产业基地""长江经济带国家级转型升级示范区"等国家级荣誉10余项，获得"上海市大数据产业基地""上海市战略性新兴产业示范基地"等市级荣誉50项。市北园区还被列入《上海市城市总体规划（2017—2035年）》全市科创规划版图，正努力建设成为中国大数据产业之都和中国创新型产业社区。

二是创建产业功能性平台并促进其作用的发挥。近年来，静安区通过支持重大产业功能性平台建设，深化中国上海人力资源服务产业园区、国家检验检测认证公共服务平台示范、上海国际消费城市示范区、上海大数据产业基地等产业功能性平台建设，为区域重点产业发展和政策先行先试提供有力支撑。以全国第一个国家级人力资源服务业发展集聚区——中国上海人力资源服务产业园区为例，一方面，园区积极争取中央部委和上海市政府有关部门支持，将部分市级审批权下放，在园区内实施"负面清单"管理和企业备案制、试点先行国家人力资源服务业对外开放等措施、落地上海科创中心建设的人才政策20条，进一步探索园区人力资源企业外商独资控股的可行性。此外，搭建了覆盖

60 余项人力资源公共服务的全方位服务平台及信息化平台，为上海市尤其是园区内人力资源服务企业提供了优质高效便捷的一站式服务，为园区集聚产业创造了有力的公共服务保障。同时静安区率先制定上海市首个人力资源服务产业扶持政策，鼓励人力资源服务机构创新发展。另一方面引导产业集聚，重点聚焦人力资源服务业全球 50 强和国内 20 强企业。园区引进国际国内知名、总部型和中高端业态的企业，并通过资金和政策引导鼓励人力资源服务企业在园区开展服务产品创新，主动融入"互联网＋"，促进产业跨界融合。同时积极鼓励和支持人力资源服务企业通过兼并、收购、重组和联盟等形式，以资本经营、服务品牌和服务产业链为纽带做大做强，逐步培育一批拥有自主知识产权和知名品牌、有国际竞争力的人力资源服务企业（集团）。此外，突出示范引领，领衔行业标准。上海人力资源服务产业园区开展的国家人力资源服务标准化示范区创建、人力资源市场服务指数研究等项目都是在不断推动人力资源服务行业向标准化、品牌化、规范化方向发展，在全国可以形成可复制、可推广的园区建设发展经验。自 2010 年成立以来，任仕达企业管理（上海）有限公司、万宝盛华人力资源（中国）有限公司、上海外服（集团）有限公司等国内外知名服务机构相继落户园区，促进人力资源服务企业集聚。2018 年，园区集聚人力资源服务机构 290 余家，形成了覆盖人力资源招聘、人才寻访、人才测评、人力资源培训、人事代理、劳务派遣、职业指导等满足不同层次人力资源服务需求的相对完备的产业链。人力资源服务业的发展也创造大量的就业岗位，静安区人力资源服务业 2018 年实现税收 16.35 亿元，为 68493 家用人单位提供人力资源服务，帮助 229 万人次实现就业和流动，服务 411 万人次。

三是推进产学研产业技术创新战略联盟、静安区众创空间联盟等创新联盟建设，促进区域产业技术研发、成果转移转化、重点行业应用和创新创业服务。依托张江静安园和闸北园、11 家国家级和市级孵化器、WeWork、XNode 等 25 家品牌众创空间及各类产学研产业技术创新战略联盟的蓬勃发展，形成了梯度合理、空间丰富的创新载体集群和服务多样的平台体系。促进品牌化、专业化、国际化的众创空间培育和优化，推进静安区众创空间联盟建设。截至 2019 年 12 月，静安区拥有众创空间品牌 25 个，市级以上众创空间 13 家，其中国家级众创空间4家。开展国内外创新孵化交流，XNode众创空间通过提供海外创新项目预孵化精细化服务，吸引国外优秀技术资源落户静安区，获得上海市科委"创业首站"授牌。2017—2019年，连续3年承办"创业在上海"国际创新创业大赛，营造充满活力的创新创业氛围。

（四）深化改革创新，营造对标国际的亲商环境

一是简化行政审批，提高服务效能。通过加强部门协同联动、优化快速服务流程、完善网上办事系统等方法，提高静安区"一网通办"办理深度，减少企业和群众到办事现场跑动次数。对开办企业的各种业态、场景、情形进行梳理，开发上线"一网通办"智能导引服务系统。依托后台知识库，办事人只需以情景引导的方式做选择，系统自动输出精准指南，排除无关信息，方便办事人在不见面的情况下快速准备材料。开展集中登记、"一址多照"试点，持续放宽企业住所登记条件，释放更多场地资源。推行企业登记全程电子化和电子营业执照，提供涵盖所有业务、适用所有企业类型的网上登记服务，推进全网通办。推行简易注销制度改革，全面简化申请事项、提交材料和登记时限等流程，消除注销障碍。

二是完善事中事后监管。制定上海市首个区级层面"双随机"检查事项清单，梳理出涉及19个部门108项"双随机"检查事项，基本做到了监管领域全覆盖。稳步推广"双随机一公开①"制度应用。推进事中事后综合监管平台建设，完成"双告知②""双随机一公开""监管预警""联合惩戒"和"日常监管"五个功能模块并上线运行，创设性开发"联合检查""监管热点"和"楼宇监管"三个系统功能延伸项，形成较为完整的事中事后综合监管制度体系。在事中事后综合监管平台的"监管热点"功能中增加"行业大类统计"和"街道统

---

① "双随机一公开"是指在监管过程中随机抽取检查对象，随机选派执法检查人员，抽查情况及查处结果及时向社会公开。

② "双告知"是指在企业申领营业执照的时候，一方面通过告知书、承诺书等形式，将具体的办证流程告知企业，让其知道去哪些部门办理审批手续，避免企业跑冤枉路，减少"折腾"时间；另一方面，将企业的办照情况通过上海市法人信息共享与应用系统，实时推送给相关行政许可审批部门，提醒有关部门及时关注，做好事后监管。

计"功能，打通了大数据分析通道。截至 2019 年 12 月底，静安区已有 30 个部门和 1771 个用户使用了监管平台各项功能，平台已归集行政许可数据 73233 条、行政处罚数据 26431 条、抽查检查数据 16701 条。探索包容审慎监管，借鉴行政处罚程序中的告知程序，在将企业列入经营异常名录前增加告知环节，监管部门根据企业的陈述申辩内容判断是否将企业列入经营异常名录，为企业创造较为宽松的发展环境。

三是提升服务业企业效能。建立"楼小二"服务模式[①]，覆盖中信泰富广场、梅陇镇广场等多幢楼宇，打通服务业企业"最后 100 米"瓶颈。建立完善企业服务三级网络工作机制，对静安区重点企业分层服务，建立政府部门与企业一对一的对口服务关系。静安区企业服务综合平台上线运行，通过网站、微信、短信等方式，为企业提供最新政策发布、在线咨询解答和问题需求受理、转办、督办、反馈等服务项目。

（五）完善政策体系，优化服务业配套生态环境

一是实施"1+N"产业扶持政策体系。综合改革专项资金政策全面覆盖所有服务产业，制定《上海市国家服务业综合改革试点专项资金使用和管理办法》及总部经济、大数据产业、影视产业、人力资源服务产业和电竞产业 5 个专项政策。综合改革专项资金政策全面覆盖所有服务产业，专项政策聚焦具体行业领域或功能平台，从而形成全面覆盖、重点突出、统分结合、集中协调的产业扶持政策框架体系。

二是构建重点行业服务标准体系框架。先后在人力资源服务、检测认证服务、商贸服务、物流服务、金融服务、文化创意服务、民生服务、社会公共服务等多个领域开展标准化试点，创建了国家级试点示范项目 4 个、市级试点项目 20 个。完成人力资源服务业国家级标准化示范试点的验收，推进"文化创意服务标准化试点""吴江路特色商业街服务标准化试点""养老服务标准化

---

① "楼小二"服务模式：以"楼小二"线上服务平台为支撑，静安区整合网上政务大厅自助服务系统、楼宇资讯信息数据库、企业服务综合平台三大系统，会同各相关部门联合组建"楼小二"服务队，服务窗口前移，在恒隆广场、市北园区等重点区域设立"楼小二"服务站。

试点"等市级标准化试点项目建设。制定积极的标准化激励政策，引导和鼓励辖区相关单位开展标准化活动，支持检验检测认证机构和行业领军企业参与国际、国内标准的制定和修订。

三是创新统计监测，搭建决策支持平台。率先以大数据创新思维，开展决策支持平台建设，立足税务数据和统计数据的模型应用，拓展通信运营商、银联支付交易、企业综合征信、互联网社会网络分析四大社会数据的外部接入，联动百度地图信息库的空间落点，形成大数据辅助科学决策和社会治理的机制，推进政府管理和社会治理模式创新，服务经济社会发展。

二、广西壮族自治区贺州市服务业创新发展经验

贺州市在推进服务业创新发展过程中，针对欠发达地区经济总量小、产业发展方式粗放、生产要素欠缺等现实问题，通过强化改革突破、搭建服务平台、推进产业集聚和创新工作机制等有力举措，高效集聚各类创新要素，在促进业态融合发展的同时，加快融入粤港澳大湾区发展，有力推动了优势产业转型升级，助力乡村振兴和脱贫攻坚，探索出一条以创新驱动和开放融合促进欠发达地区经济高质量发展的道路，为广西壮族自治区乃至全国同类型地区发展提供了可借鉴的经验和模式。

（一）搭建公共服务平台，强化科技创新、现代物流等生产性服务业配套，加快产业转型与融合发展

一是搭建碳酸钙全产业链发展服务平台。围绕碳酸钙新材料产业升级，贺州市引进和搭建了科技服务、现代物流、电子商务、供应链金融等生产性服务业公共服务平台，强化科技创新、现代物流等生产性服务业配套，促进产业链延伸和附加值提升。第一，以打造碳酸钙产业生态圈为思路，围绕碳酸钙上下游产业链，贺州市投资 6.5 亿元规划建设"碳酸钙＋服务业"融合发展服务业集聚区——中国－东盟石材·碳酸钙交易中心，打造石材·碳酸钙专业市场。依托该中心，贺州市深入实施"东融"战略，围绕产业链短板开展补链招商，

吸引了大皇蜂无车承运平台、中国科学院过程工程研究所石材碳酸钙产业研发中心等系列配套产业和山东中信钙业有限公司、深圳市怡亚通供应链股份有限公司等龙头企业入驻，引导碳酸钙制造业进一步与商务会展、现代物流、总部经济、检验检测、科技研发、金融保险等服务业融合发展，为突破石材碳酸钙产业物流、交易、融资、外贸等发展瓶颈，培育更强的龙头企业、更长的产业链条、更大的产业集群、更优质的产品提供条件。同时，也加快了本地碳酸钙原材料加工企业向产品和专业服务解决方案提供商转型，推动具备区位、技术等优势的原材料企业发展废弃物协同处置、资源循环利用、污水处理、检验检测和研发设计等配套服务，提升总集成、总承包水平。目前，碳酸钙交易中心具备了线上线下交易、会展、研发、检测、物流、孵化等功能，推动碳酸钙产业形成了矿山开采—天然石材—新型粉体—人造岗石—涂料塑料—废浆废渣再利用的"一石多吃、吃干用尽"的绿色循环产业链。

二是建设贺州市工业节能管理服务平台，提升节能环保服务效能。平台涵盖了贺州市所有规模以上企业，依据企业填报的能源利用状况报表，按县区、园区、行业、供电公司4个层面，综合能源消费量、工业总产值、产品产量、单位产值能耗、单位产品能耗、度电产值、产品节能量等7个指标进行月报及年报汇总分析。平台通过数学模型，分析预测各县区、园区、行业、企业对全市能源消费量、工业总产值、工业增加值、万元工业增加值能耗4个主要指标的拉动幅度和贡献率，有效解决了数据滞后、数据失真等问题，提高了贺州市开展工业节能和经济运行预测预警调控工作的能力。

三是以平台促进农业增产增效。第一，是依托广西大健康产业检验检测认证中心，建立健全国际果蔬检验检测认证级别的贺州农产品质量标准，打造全国性的农产品检验检测基地，以及面向粤港澳大湾区和"一带一路"的农产品商贸流通中心。第二，建立贺州市现代农业农产品防伪溯源认证信息平台。启动了贺州市八步区东融（供港）蔬菜扶贫产业示范区优良种质育繁推广一体化项目，建立优良蔬菜育繁一体化研发与应用基地及农业生产溯源系统，并接入粤港澳大湾区菜篮子信息平台，实时全景监控现代农业生产管理。第三，组建正丰农业孵化器，以贺州市正丰现代农业股份有限公司为发展平台，整合贺州市现有农业龙头企业、农民专业合作社、家庭农场和种植大户的生产能力及销售渠道，抱团发展、注册集体商标，打造"天贺正丰"公用品牌。第四，建设农产品批发交易与电商营销平台，利用互联网推介销售农特产品；同时，依托贺州市正丰现代农业股份有限公司建设农产品物流配送中心，在5个县（区）分别建设一个产地交易市场，搭建起供港蔬菜"直通车"对接平台，拓宽农产品销售渠道，促进农民增收。

四是加快交通物流平台建设。第一，以易龙大皇蜂物流科技有限公司为核心，重点打造集大数据、物流资源为一体的易龙大皇蜂无车承运平台，为碳酸钙产业提供数字化、专业化的物流服务。第二，积极推进智慧交通云中心建设，推广北斗卫星导航系统在物流运输领域的应用，所有危险品运输车辆和总质量为12吨及以上的普通货运车辆、牵引车都安装北斗卫星导航系统，实现车辆运输过程的监管。第三，依托贺州国家农业科技园区信立农产品物流园项目，引入顺丰速运（集团）有限公司、圆通速递有限公司等主流快递产地仓，重点解决长期以来大部分物流要经桂林市、南宁市等中转而造成的时间长、成本高等难题。

五是搭建贺州市全域旅游信息服务平台。初步建成贺州市智慧旅游大数据中心，开展贺州市智慧旅游产业运行监测。全域旅游信息服务平台通过采集旅游大数据和可视化大屏展示，为贺州市提供科学的旅游行业发展综合分析服务应用，其中有游客量统计分析、客源地统计分析、酒店接待量排名分析和消费商圈分析等旅游行业发展数据统计、客流趋势监测分析。

六是加快建立完善大健康服务平台。第一，大力推进县区特色康养平台建设。贺州市八步区古柏生态科技园项目建设一期已完成，南乡镇西溪森林温泉度假邨、贺州市林业科学研究所利用名贵中草药种植园发展的康养项目稳步推进；钟山县着力打造集休闲度假、养生配套于一体的"百里水墨画廊"；昭平县成功创建广西特色旅游名县，昭平茶公共品牌价值35.39亿元，居地理标志产业区域品牌第82位；富川县依托"国际慢城"招牌，推进瑶族文化园、神仙湖景区、橙海驿站建设；平桂区深入挖掘乡村康养休闲旅游资源，建设藕莲天下水生蔬菜产业核心示范区。第二，完成贺州市医养信息智慧平台系统、

120指挥调度大数据指挥系统建设。抓住贺州市智慧城市建设契机，运用大数据、人工智能、物联网等先进技术，规划建设贺州市医养服务综合信息平台，利用可穿戴设备，为老年人提供生理参数检测、防走失监测、远程会诊等服务，实现养老服务由一般服务向精准服务、应急服务、有效接续服务转变。

（二）深入推进产学研合作，力促科技成果转化，增强产业链发展韧性

一是补齐碳酸钙产业技术创新能力短板，逐步实现创新链与产业链衔接。贺州市先后与广东财经大学、暨南大学等一批高校签订市校合作协议，策划包装创新驱动重大专项；组织企业与中国科学院广州分院、中山大学等多家科研院所、高校开展产学研合作，联合中国科学院、广西科学院等研究机构围绕碳酸钙产业关键技术，联合创建了广西碳酸钙重点实验室、广西碳酸钙资源综合利用重点实验室、贺州市微波应用技术重点实验室、广西碳酸钙创新工程技术研究中心、中国科学院过程工程研究所石材碳酸钙产业研发中心、广西人造石材工程技术研究中心、贺州市质量技术监督局碳酸钙产业工程技术中试线项目等多层次服务创新平台；并组织政产学研多方力量联合开展人造岗石微波固化、废渣资源综合利用、碳酸钙包裹型缓释肥料生产技术等全产业链关键共性技术攻关，依靠创新驱动碳酸钙产业绿色发展。

二是探索"双飞地经济"模式，强化"东融"创新平台建设。依托广西东融先行示范区，借鉴深圳市前海、广州市南沙、珠海市横琴等重大开放平台建设的先进经验，通过合作平台前移，采取市场化运作方式，鼓励粤港澳大湾区各类技术创新孵化机构在贺州市设立飞地平台。以贺州市为"飞入地"，探索科研孵化在粤港澳大湾区、生产转化在贺州市的"飞地园区""飞地景区"模式。例如，贺州市姑婆山通过智慧园区系统平台的打造，整合其内景区资源、企业客户资源等，实现园区、企业、社会共同发展，互利共赢的局面，创新开启"飞地景区"新模式。以贺州市为"飞出地"，引导贺州市企业走出去，以合资促引资、以品质换品牌、借渠道拓市场，探索生产、加工、仓储在贺州市，销售市场、品牌宣传、产品研发在粤港澳大湾区的"飞地企业""飞地市

场"合作模式。例如，搭建医疗卫生技术"东融"合作平台，选派选送医疗骨干到粤港澳大湾区相关医院和机构进修深造；同时引进大批知名专家学者，在贺州市设立名医工作室，定期到医院讲学、查房、临床带教、手术、义诊等。通过探索发展"飞地实验室""飞地研发中心"，引入粤港澳大湾区创新资源，共建产学研创新驱动基地，培育和建设广西人造石材工程技术研究中心、广西碳酸钙资源综合利用重点实验室等一批科研创新平台。

（三）促进碳酸钙产业和互联网深度融合，营造融合发展新生态

一方面，贺州市大力发展"互联网+"，加快新一代信息技术在碳酸钙和关联服务企业的创新应用，推动碳酸钙产业数字化转型；并引入深圳市怡亚通供应链股份有限公司，以服务贺州市石材碳酸钙产业发展为重点，以物流为基础，通过"互联网+大数据+碳酸钙产业"模式，整合上下游产业资源，打造集物流、金融、销售、出口等为一体的供应链综合商业服务平台，把线上交易与线下供应链服务相结合，提升信息、原料、资金、产品等配置效率，推动设计、采购、制造、销售、消费信息交互和流程再造，形成高效协同的智慧供应链网络，为贺州市石材碳酸钙企业提供集物流运输、金融、销售和进出口等业务于一体的全链条服务。通过供应链管理专业能力的外包服务输出，助力贺州市石材碳酸钙产业由传统的粗放型发展模式，转向产业集聚、协同创新、产融结合、产服结合的产业供应链生态发展模式，探索建立和推广一批行业信息化系统解决方案，从而优化碳酸钙产业结构，推动碳酸钙产业转型升级。另一方面，贺州市通过打造"中国（贺州）石材·碳酸钙展览会"品牌，并充分利用大数据资源，整合贺州市碳酸钙产业的企业资源和产品资源，与国内外知名电商平台开展战略合作，搭建石材销售 B2B（企业对企业）、B2C（企业对消费者）、O2O（线上到线下）电子商务和创意展示平台；利用阿里巴巴等电商平台，进一步打开产品网销渠道，扩大品牌知名度、销售市场及生产加工原料来源，将贺州市打造成为中国规模最大的碳酸钙产业和新型建材 B2B 垂直电商平台基地，成为中国新兴的石材碳酸钙产业中心。

（四）创新投融资模式，对接"双新"① 企业

推广应用 PPP（公私合伙或合营）模式，设立新经济、新业态产业发展基金，由贺州市财政部门和国有平台公司共同注资，重点支持新兴服务业项目建设、参股新兴产业企业，通过基金引导和资本放大效应，有效撬动社会资金进入新兴服务业和新兴产业领域。贺州市投资集团有限公司在贺州市新经济新业态产业发展基金有限公司的基础上设立广贺科创投资子基金、"中生·穿越智慧浆云"项目子基金等相关子基金，壮大了基金规模，增强了集团投融资能力与核心竞争力，为粤港澳大湾区企业落户贺州市提供启动资金及发展资金的支撑，从而引导项目落地，加快贺州市新经济、新业态的发展。此外，贺州市投资集团有限公司投资建立广西数字贺州产业园，重点发展智慧城市、智慧教育、物联网产业、软件产业，大力推动大数据、云计算、智慧服务、行业软件、智能智慧产业技术研发及相关产业发展。通过数字产业园的开发，为粤港澳大湾区企业落户提供高端、舒适的办公场地。同时通过产业园的投资开发引入更多合作方，从而吸引外来资金，有效发挥资金聚集效应，带动贺州市投资发展，并且进一步优化贺州市营商环境，为建设广西东融先行示范区提供帮助。截至 2019 年 12 月，广西数字贺州产业园总投资额 49.1 亿元，累计完成已逾 1.3 亿元，其中数字总部基地完成 3609 万元，东融总部基地完成 9753 万元。

（五）打造"人才飞地"，全面推动人才"东融"，加快提升产业链现代化水平

人才是第一资源。贺州市坚持以"东融"统领工作全局，创新人才与产业融合模式，先后与广东财经大学、暨南大学、广州中医药大学、深圳大学等一批外地高校院所签订合作协议，并通过举办粤港澳大湾区高层次人才寿城行等活动，为提升贺州产业基础能力和产业链现代化水平"借智引技"。

一是以"人才东融"为主线，建立人才柔性引进机制，加强外部招才引

---

① "双新"是指新经济、新业态。

智。按照"不求所有、但求所用"的理念，成立贺州市驻广州市、深圳市招才引智工作站，制定出台《贺州市面向珠三角引进人才工作实施方案》和《贺州市柔性引进人才实施办法》，创新"联姻式"柔性挂职、"智囊式"组建团队、"候鸟式"聘请专家等引才方式，先后聘请65名粤港澳大湾区专家教授到贺州市开展智力服务，实现跨越体制壁垒借智发展。探索建立人才"双飞地"平台，创新"科研、孵化、前台在大湾区，生产、转化、后台在贺州"的产业发展模式，通过"建立一个人才飞地、形成一支研发团队、孵化一批科研项目、促进一个产业发展"方式，实现与大湾区等发达地区的资源共享和协同创新。先后与深圳中国科技开发院、深圳中美联合研究院、上海市张江创业投资有限公司等科研院所和企业开展合作，组建东融新产业育成中心，依托深圳市、上海市、贺州市3个育成中心，设立2亿元东融科创基金，在关键节点投资粤港澳大湾区优质在研项目，使在研项目转为贺州市产业项目，推动产业创新能力大幅提升。目前已引进软视科技、中生·穿越智慧浆云、一曜生物等36家新经济新业态产业项目，在深圳市、上海市等地建立以产业育成中心为载体的"人才飞地"2个，基本实现从发达地区"引"，到育成中心"育"，并在园区内实现了人才与成果的"量产"和"落地"。

二是创新人才与产业融合模式，强化培训育人才。贺州市每年安排专项资金500万元，搭建"三个千亿元产业"人才培训基地；深化拓展与暨南大学、广东财经大学、深圳大学、广州中医药大学等高校合作内涵；采取"人才+项目"方式，加强与中国（深圳）科技开发院、广东省社会科学院、澳门发展策略研究中心等研究机构合作，促进招才引智与招商引资的深度融合。

三是优化环境留人才。近年来，贺州市在积极引才育才的同时，始终坚持服务人才就是服务发展的理念，并持续优化人才环境。为留住人才，贺州市加强人才工作服务保障，全面提高人才待遇，依托贺州市高层次人才"一站式"服务平台全力优化人才服务水平，人才关爱从以体制内为主到体制内外并重。自2018年起对园区内企业引进人才也实行补贴，为引进人才提供5万～30万元的安居补贴和300～1300元的生活补贴；为人才提供最优化发展环境，市本级人才工作专项经费年均增长30%以上；积极落实人才安居保障等方面政策措施，率先在园区建设 2000 多套人才公寓，实现人才"拎包入住"，着力打造"人尽其才、人尽其用"的"人才洼地"。

三、海南省海口市龙华区服务业创新发展经验

海南省海口市龙华区鼓励与引导辖区企业，借势海南省自贸区（港）改革开放机遇，总结学习全国服务业改革试点经验，学习借鉴全国自贸区改革开放经验，积极探索符合中国特色自由贸易港战略与本土企业经营特色的现代服务业创新业态，增强服务业转型升级的动力，增强辖区企业在区域市场的竞争力，在知识产权证券化、产业园市场化运营、中小企业融资等方面，打造系列可复制推广的典型案例。

（一）探索知识产权证券化，促进中小企业发展

2018 年 12 月 25 日，在海南省知识产权局的组织协调下，"奇艺世纪知识产权供应链金融资产支持专项计划"（爱奇艺 ABS 项目）在上海证券交易所举办挂牌仪式。这标志着我国首单知识产权资产支持证券成功落地。作为这单知识产权证券化产品的核心债务人，北京奇艺世纪科技有限公司获得 4.7 亿元融资，用于企业发展，其中相当一部分将用于已注册落户海口市龙华区的北京奇艺世纪科技有限公司海南分公司的建设。

爱奇艺 ABS 项目的成功落地是海南省积极落实习近平总书记"4.13"重要讲话精神的具体行动。该项目在海南省知识产权局的领导下，由海南省知识产权协会、中国信达资产管理股份有限公司海南分公司发挥属地优势和客户资源优势进行组织协调与操作对接。项目入选了海南省自由贸易试验区第一批制度创新案例，并作为重要制度创新写入了 2019 年海南省《政府工作报告》。

一是探索知识产权证券化是党中央赋予海南省的重要任务。2018 年 4 月 13 日，党中央、国务院《关于支持海南全面深化改革开放的指导意见》中赋予海南省探索知识产权证券化的重要任务，鼓励发挥敢为人先、先行先试的特区精神，找到一种符合知识产权制度特性的证券化模式。海南省知识产权协会作

为全省最大的知识产权行业组织，为进一步助力自贸区（港）建设，发挥协会资源整合、服务社会的责任使命，积极作为，联合中国信达资产管理股份有限公司海南分公司牢牢抓住政策窗口期，把握机遇，主动对接省内牵头部门——海南省知识产权局，共同推进项目。在海南省知识产权局的指导和组织下，海南省知识产权协会积极参与首单知识产权资产支持证券的发行筹备工作。海南省知识产权协会秘书长、海南省知识产权龙头企业——海南汉普管家信息科技有限公司负责人陈康作为专家组成员之一，同调研组前往中国证券监督管理会、上海证券交易所和深圳证券交易所开展调研。海南省知识产权协会先后组织召开海南省知识产权证券化本土企业见面会、企业知识产权证券化对接会等多个会议进行讨论研究，确立了知识产权证券化 22 项任务分工方案。

二是多轮筛选、甄别，首期标的最终瞄准北京奇艺世纪科技有限公司。标的选择的主要考量是早日发行，并且标的方有发行募资的积极性，标的的权属、价值等属性清晰，便于运作。因此，在权衡知识产权数量、公司资产规模、利润水平、行业领先度等因素后，最终选取北京奇艺世纪科技有限公司为标的企业。与此同时，海南省知识产权协会与中国信达资产管理股份有限公司海南分公司、海南省知识产权局还组织联系、甄别海南省内以医药为主的百余家高新技术企业及其标的，发现了一批颇具发行潜力的标的。但由于企业需要在较短时间内明确知识产权稳定的现金流、成本、担保等问题，本土企业暂时难以跟上发行准备的快节奏。因此，经专家建议，并应北京奇艺世纪科技有限公司海南公司的请求，中国信达资产管理股份有限公司海南分公司决定优先选择北京奇艺世纪科技有限公司作为首期标的。

三是紧密协作，攻坚克难，北京奇艺世纪科技有限公司知识产权资产支持证券成功发行。2018 年 8 月 17 日，筹备组在与北京奇艺世纪科技有限公司达成合作意向后，项目正式进入实操阶段。由于知识产权证券化无先例可循，知识产权具有无形资产的特殊性，其与证券化模式的结合方式需要探索，这对金融机构的专业能力提出了很大挑战。根据企业需求，并与上海证券交易所进行了反复深入的沟通，最终选择在供应链金融 ABS 模式（"资产支持证券化"融资模式）的框架内，以北京奇艺世纪科技有限公司外购版权应收账款作为基础资产，同时引入第三方机构作为差额补足人的交易结构。项目推进过程中，海南省知识产权协会调动各方资源，协调企业、中介机构、交易所等各方，有效解决了担保、成本、中介费用、寻找投资者、抢发行时间等诸多难题。历经4个月的攻坚克难，2018年12月21日，"奇艺世纪知识产权供应链金融资产支持专项计划"在上海证券交易所成功发行，发行规模4.7亿元；12月25日，正式挂牌上市。

爱奇艺ABS项目正式挂牌，意味着海南省在探索知识产权证券化的道路上取得了实质性的突破。目前，海南省中小微企业拥有的专利大部分处于闲置状态，资金短缺、融资难、无形资产转化为产出能力弱，限制了知识产权的创新驱动作用发挥，通过知识产权证券化，能有效解决这些问题，促进中小微企业发展。

（二）打造民营企业市场化运营产业园区发展模式

海口市滨海国际电子商务产业园是海南华侨会馆有限公司投资兴建，委托海南莱茵河商业管理有限公司全权运营的产业园，总建筑面积为6.8万平方米。2018年纳税额3.38亿元，成为海南省产业园区转型发展的新标杆。园区由海口市商务局指导推动，联动省、市、区三级相关单位，历经2年多的探索实践，成功探索出全国首创的"2+N+1"（即政府+行业协会+N项电商配套服务+园区专业运营商）的产业园区发展新模式，打造独具海南省自贸区特色的电商配套公共服务体系。

一是多级政府部门指导，引导产业园错位发展。在海南省商务厅、海口市商务局、龙华区政府等多级部门的引导下，联合海口市电子商务行业协会主动与项目业主多轮对接，最终引导园区运营方将园区定位为电子商务和区域总部经济集聚区，区别于同时期复兴城互联网创新创业产业园与澄迈软件产业园等同类园区，实现错位发展。

二是创新产业园运营模式，实现园区自我造血。根据园区产业定位，创新政府服务模式，创新性地推出了全国首创的"2+N+1"产业园区发展新模式。最大限度地整合政府、行业协会、专业服务机构等多方面资源，通过线上线下各类活动对接，创造并实现园区发展的最优环境，形成以政府服务前置、社会服务参与、市场化运营的新型产业园运营模式创新，为其他产业园区发展提供了可复制推广的经验。园区的 N 项电商配套服务体系已成为海口市电子商务服务体系推广标杆。园区成立初期就没有走依赖政府补贴的老路，而是通过制度创新，在引入"政府＋行业协会＋电商配套服务"的基础上形成园区服务系统集成，项目营运方转变为专业园区营运商，从产业定位、产业生态、园区平台、空间产品、园区管理、园区服务、盈利模式及园企一体化等 8 个角度在产业、空间、生态、运营、服务等多个方面体系化的打造来提供增值服务，实现市场化运营。2017 年园区运营收入达到 7500 万元，园区运营纳税达 1300 万元；2018 年园区运营收入达到 8500 万元，园区运营纳税达 1500 万元；成为产业园区自我造血发展的新典范。

三是首创民营园区管委会运营管理机制。为开拓高效的服务渠道，支撑、落实园区各项公共服务，为园区企业提供优质、配套齐全的服务，特设立园区管理委员会，履行招商落地、相关政策对接及宣导、统筹园区创业创新活动、园区企业宣传、品牌推广等服务职能，实现园区各项服务统一规范化管理。园区管委会实行主任负责制，全权负责园区的整体招商、运营及创业创新服务。园区管委会下设办公室，协助管委会对园区进行管理运营。同时设置招商部、活动策划部、宣传部、财会部、物业服务部五大服务部门。

四是多部门联动助力招商，引进海南省首批总部企业。政府组成专班提供服务，联动海口市电子商务协会大力推介推广园区。将园区纳入省内外招商重点推介对象。自 2016 年 11 月园区挂牌至 2019 年 6 月底，省、市、区三级有关单位、海口市电子商务协会共组织园区开展各类推介及沙龙活动超过 130场。其中厦门国际投资贸易洽谈会、中国（北京）国际服务贸易交易会、海南省综合招商会等大型招商 5 场，园区相关专场沙龙活动超过 105 场。成功引入了海南旅宿科技股份有限公司、候鸟管家（海南）科技有限公司、上海金汇通用航空股份有限公司海南区域总部、北京多来点信息技术有限公司海南分公司、华安财产保险有限公司海南分公司、长江证券股份有限公司海南分公司、海南海灵化学制药股份有限公司等 146 家国内或省内知名企业入驻办公，园区外孵化服务业企业 584 家。其中，园区入驻企业海南海灵化学制药有限公司于 2018 年通过海南省首批总部企业认定。

五是产业积聚真正形成，累计产业营业额超百亿元。秉持"产业集聚、企业汇聚"的发展理念，推动产业融合发展，初步形成"总部经济 + 产业园区"格局，以产业耦合力驱动功能融合，推动电子商务、科技、金融等产业集聚发展。园区已经吸纳包括电子商务、区域总部经济企业等在内的各类相关企业进驻。截至 2019 年 6 月底，园区注册企业总数达 750 家（实地办公企业 146 家，园区外孵化服务业企业 604 家），园区企业营业收入达到 124 亿元，园区企业纳税额总额实现 7.55 亿元。其中，2017 年，园区企业营业收入达 49.3 亿元，纳税额 2.93 亿元；2018 年，园区新增企业 315 家，企业营业收入达 54.2 亿元，纳税额达 3.38 亿元；2019 年 1—6 月，新增企业 116 家，园区企业营收额达 22.5 亿元，纳税额达 1.34 亿元。园区发展直接带动就业人数达 2785 人，间接带动就业人数达 7500 人。

（三）通过园区培育撮合中小微企业融资

海口市滨海国际电子商务产业园，通过"政府指导 + 园区培育"的方式，提早培养中小微企业的融资意识，帮助企业解决融资难问题。海口市龙华区发展和改革局作为园区系列中小企业融资的指导单位，指导辖区做好每一次的融资公开课。例如，2019 年指导园区做好自由贸易（FT）账户的宣传推广工作，引导园区企业利用 FT 账户合理规划与配置资金。园区做好两端的对接沟通撮合工作。一是精选有成长潜质的企业，提早培养融资意识。评估园区内外有成长潜质的中小微企业，定期组织企业参加园区的各类融资活动，提早培养企业的融资意识，提早做好财务管理与账务管理，以符合金融机构融资条件。二是精选金融机构，不断创新融资产品，搭建银企对接桥梁。精选与小微企业需求吻合的金融机构，不断沟通，引导金融机构创新融资产品，加强有针对性的宣讲，点对点辅导，撮合成交。截至 2019 年 12 月，滨海国际电子产业园已经组织了 20 次中小企业融资对接会，累计协助 184 家企业融资 2.08 亿元。合作的金融机构包括海南股权交易中心、海南银行滨海国际支行、海口农商行、中国建设银行、中国邮政储蓄银行、中国工商银行、招商银行、交通银行、中信银行、浦发银行、民生银行、第一创业证券股份有限公司等。

四、安徽省铜陵市铜官区服务业创新发展经验

铜陵市因铜得名，素有"中国古铜都，当代铜基地"之称，经济基础良好，工业体系完备，文化特色鲜明。同时，铜陵市也是国家发展和改革委员会批复的全国资源枯竭型城市转型试点城市、国家循环经济示范创建市、国家节能减排财政政策综合示范城市和全国转型升级示范市。铜官区是铜陵市中心城区，是全市政治、经济、文化和商务中心，新时期肩负着集聚创新资源、引领结构调整、推动城市转型、改善社会民生的重任。铜官区的服务创新发展探索，对全国同类型地区依靠产业结构调整推动经济转型升级也具有十分重要的示范和借鉴意义。

（一）积极培育替代产业，推动资源型城市转型发展

积极培育接续型替代产业是资源型城市转型发展的关键。改革试点以来，铜官区围绕铜资源的开发利用做足了文章。在培育接续替代产业方面，铜官区依托中心城区丰富的铜文化资源，延长铜文化旅游产业链条，做大做强文化创意产业体验产品，加快培育新的经济增长点，着力打造了以铜工艺品设计和铜文化主题影视动漫创作为核心的铜文化创意产业链，培育发展了一批具有一定原创能力、技术水平和品牌影响力的创意设计类龙头企业和重大项目，建立起集聚度较高、产业核心竞争力较强的铜文化创意产业集群和中小微创意企业群落，有力推动了资源型城市产业结构调整和经济社会转型发展，也为同类型地区转型发展提供了经验借鉴。

一是发展特色楼宇经济，促进铜文化创意群体集聚发展。铜官区围绕"铜官文创小镇"和"铜官创造"品牌，充分利用现有楼宇载体，发挥产业集聚效应，培育出文化创意类特色楼宇经济。鼓励创办"名人名家"工作室，聚纳文化创客，创新文化创意新业态，推动铜文化创意与休闲旅游深度融合，推进大

铜官山、农林村等文化旅游区建设，以铜文化为切入点，打造全市文化创意产业发展新高地。

二是发展以创意为核心的铜工艺品设计产业，大力提升产品附加值。铜官区依托铜陵铸造技术和艺术创作的独特优势，强化文化创意设计理念，将铜工艺品的制作生产与创意设计紧密结合，不断加快铜制品生产的文化升值步伐。同时，还利用先进技术改造提升传统工艺，优化铜产品结构，不断提高铜雕塑、铜工艺品设计的科技与艺术含量，提升创意与品牌附加值，打造全球铜雕塑及工艺品设计生产研发中心，构建起集特色化、系列化、品牌化、规模化于一体的铜工艺品研发、设计、制作和展示架构，助推铜工艺品制造业的升级。

三是构建以铜文化为主题的影视文化新格局，扩大铜文化品牌影响力。铜官区鼓励铜文化影视作品的制作发行，依托区内丰富的自然生态及历史文化资源、滨江山水城市的资质和较为发达的科技实力，凝练"铜都精神"，制作一批以铜文化为主题，彰显特色文化，宣传铜陵市人文历史，反映"中国古铜都""世界铜都"建设、有较大社会影响力、艺术感染力的广播影视作品，进一步提升铜陵市的知名度和美誉度。大力推进高新技术、影视传媒产业与铜文化、铜产业的对接与融合，形成内容生产、广告经营、网络建设等优势主业并举、相关产业多元发展的新格局。

四是重点发展动漫产业，强化铜文化数字化生产能力。紧扣铜文化和铜产业主题，全面借鉴国内外发展数字内容产业的有益经验，建立包括数字动漫、数字游戏等产业在内的数字内容产业链。大力扶持铜文化主题的动漫作品，强化创意设计理念，加强动漫衍生产品的开发和生产，形成一条铜文化内涵丰富的集动漫游戏、漫画作品创作、动漫影视和游戏人才的培训、知识产权的交易及动漫核心技术研发于一体的数字动漫产业链。

（二）加快引育生产性服务业，推动主导产业高质量发展

随着资源刚性约束加剧及技术进步和市场需求的不断变化，资源型城市以高能耗、低附加值为特征的主导产业的竞争力迅速衰退。因此，铜陵市铜官区推进服务业综合改革试点工作的一个关键立足点就是以提升主导产业创新能

力、培育产业竞争新优势为导向，坚持创新驱动、市场主导、开放合作，大力推动生产性服务业尤其是科技服务业成为促进传统制造业和支撑产业协同创新的重要支撑力量。

一是培育和引进各类高端研发机构，深入拓展专业化研发服务。深化校企产学研合作，先后促成中国科学技术大学、中国科学院、华中科技大学、合肥工业大学等10余所高校与安徽红星阀门有限公司、铜陵天海流体控制股份有限公司、铜陵洁雅生物科技股份有限公司等本地企业的战略合作，共建合肥工业大学（铜陵）工程技术研究院、中国科学院皖江新兴产业技术发展中心等多个产学研平台。同时，还依托企业工程技术（研究）中心、院士工作站、行业技术创新联盟等各类研发平台，积极开展行业技术研发和项目合作，促成了一批有影响力的技术成果和自主知识产权，推动一大批科技成果在铜官区转化和产业化。中国科学院皖江新兴产业技术发展中心与铜陵市企业开展技术研发项目50多个，联合安徽蓝盾光电子股份有限公司、文一科技股份公司等企业成功开发出PM2.5监测设备、激光云高仪、多组分烟气检测仪、激光雷达等环境和气象设备，以及自动分选机、自动封装设备等产品并投入市场，为企业年新增销售收入突破5亿元。

二是推动制造业企业"主辅分离"，推动生产性服务业向专业化和价值链高端延伸。鼓励制造业企业"裂变"专业优势，推动制造业从加工制造为主向"制造＋服务"转型、从产品销售为主向"产品＋服务"转型，重点在研发设计、物流配送、科技孵化、工业创意、工程承包等领域取得突破性进展，实现产业链延伸和价值链攀升。例如，鼓励有条件的制造业企业将技术中心、研发机构或设计院所组建成专业化的具有科技研发、技术推广、工业设计、检测检验等功能的服务业企业；鼓励制造业企业分离发展物流业务，通过加强物流业务的科学化、信息化改造，在为自身原料的获取和产品的销售提供物流服务的同时，拓宽发展第三方物流，向社会提供物流服务，提高资源、产品的流通和配置效率；鼓励制造业企业将咨询、策划、广告、工业创意、工程承包等环节分离，打造高附加值、高层次的设计策划咨询服务企业；鼓励制造业企业整合优化企业内部资源，将售后服务、安装维护、物业管理、后勤保障及教育培训等内部配套服务剥离，组建能兼顾社会化的配套服务企业；鼓励工业企业盘活存量资产，以服务业集聚区的形式，发展软件开发、研发设计、文化创意、咨询策划、科技孵化等生产性服务业等。

三是依托国家级高新技术产业开发区和专业机构，开放发展检验检测认证等专业服务业。铜官区科技服务业处于发展初期，存在着市场主体发育不健全、服务机构专业化程度不高、高端服务业态较少、缺乏知名品牌、发展环境不完善、复合型人才缺乏等问题。加快科技服务业发展是铜官区调整优化资源型产业结构、培育新经济增长点的重要举措，是实现科技创新引领产业升级、推动经济向中高端水平迈进的关键一环。为此，铜官区围绕主导产业转型发展的需求，依托狮子山国家高新技术产业开发区加快建设铜基新材料、节能环保、装备制造、汽车及零部件、电子信息等检验检测服务平台。一方面引导国内外知名检验检测服务机构来铜官区设立分支机构，鼓励本地检验检测机构加强国内外合作；另一方面推动辖区内高等院校和科研院所大型仪器设备向社会开放，引导第三方检验检测认证机构向产业园区集聚。与此同时，铜官区还以辖区内铜陵国家铜铅锌及制品质量监督检验中心为龙头，建设检验检测高技术服务业集聚区，强化能源计量等计量基础能力建设，加快检验检测电子商务平台建设，培育发展在线检测新业态。

（三）发展数字经济，推动服务业与制造业融合发展

数字经济是实现产业向价值链高端转移的核心驱动力，是资源型城市依靠科技、人才、品牌、互联网等创新要素驱动发展的重要方式。铜官区作为传统工业城市主城区，工业基础雄厚，工业化率达 60.3%，拥有海量的工业大数据资源。在新一代信息技术的支撑下，铜官区通过建设支撑产业互联网落地的空间载体，利用数字经济优化配置各种资源，发展产业互联网，推动现代服务业与先进制造业深度融合，引领和带动生产方式变革。

一是推动优势企业信息化改造。以海亮（安徽）铜业有限公司、安徽铜都流体科技股份有限公司、铜陵三佳山田科技股份有限公司、铜陵洁雅生物科技股份有限公司等本地优势企业为核心，推进铜精深加工、电子元器件、高压阀门、高铁车轴液压成型等生产线智能化改造与建设，实现制造过程绿色化、智

能化转型，打造高新区电子元器件、阀门等重点领域智能制造系统。与此同时，铜官区大力实施"皖企登云"，20家企业与安徽长江工业大数据科技股份公司签订了"上云"协议，铜陵精达特种电磁线股份有限公司"精达云平台"成功跻身工业和信息化部发布的2018年度企业上云60家典型案例。扎实推进"互联网＋先进制造业"，获批省级制造业和互联网融合发展试点企业4家，新增省级数字化车间3家，通过国家两化融合管理体系认证企业3家，高效节能环保精密铜管技术改造等28个亿元的重点项目竣工。

二是依托"铜官数谷"数字经济平台，推进数字经济与各领域之间的跨界融合。一方面，不断强化与行业领军企业及国内知名高校的合作。与华为技术有限公司签署战略合作协议；与科大讯飞股份有限公司合作，导入科大讯飞产业生态资源，打造"城市超脑"产业板块，已初步归纳整理出50个城市应用场景；与深圳市腾讯计算机系统有限公司合作，推进电竞产业发展，在铜陵市举办了首届王者荣耀城市赛、省级赛；与安徽科讯金服科技有限公司合作组建铜陵科讯金服南方科技有限公司，建设"金融超脑"普惠金融大数据应用平台；与阿里云计算有限公司合作，全面开展实施"工业大脑"试点示范，打造工业互联网发展新高地；与清华大学合肥公共安全研究院合作，发展"互联网＋公共安全"产业。另一方面，助推"线上铜陵"建设，支持本地电商企业做大做强，加快引进培育跨境电商龙头企业；依托"铜官数谷"，探索开展直购进口业务，引导大型科技型企业、物流业企业等建立跨境电商分销管理基地，积极整体引进阿里系国际站、速卖通、一达通、天猫国际等服务资源，为跨境出口企业和青年人才提供平台，打造省级跨境电商产业园。

（四）积极引育节能环保服务业，推动区域绿色发展

一是培育节能专业服务机构。鼓励区内重点用能企业成立专业性的节能服务公司。选择符合条件的研究机构作为第三方节能审核机构和能源审计机构。引导合同能源管理公司加强技术开发，拓展服务领域，提高服务水平，提升综合实力。采用合同能源管理模式进行公共机构既有建筑的节能改造，逐步对具备条件的建筑全面推行合同能源管理模式，完成节能改造。

二是搭建公益性节能服务平台。实施节能基础能力建设工程，加强区级节能管理信息化平台建设，实现全区节能动态实时监测。建立全社会节能统计信息平台，完善重点行业能耗统计制度。开展能源审计和能效水平对标活动。

三是打造市场化环境能源交易所，服务全省环境事业发展。通过搭建环境交易平台，运用市场化手段，将环境权益"价值化""价格化"，促进节能减排。平台主要经营范围包括环境事业投融资服务、排放权项目服务、生态补偿机制信息咨询服务、排污权交易服务、合同能源管理、节能减排技术交易等。

四是依托转型升级示范市建设构建节能环保服务体系。加快节能环保服务业的发展，重点发展集研发、设计、制造、工程总承包、运营及投融资于一体的综合环境服务，着力培育综合环境服务龙头企业。推进环境咨询、环境污染责任保险、环境投融资、环境培训、清洁生产审核咨询评估、环保产品认证评估等环保服务业发展。加快培育环境顾问、监理、监测与检测、风险与损害评价、环境审计、排放权交易等新兴环保服务业。

五是大力发展循环经济，促进资源循环再生利用。以大宗工业固体废物综合利用、烟气脱硫脱硝、城镇污水垃圾处理、危险废物处理处置为重点，积极培育提供资源节约、废物管理、资源化利用等一体化服务的循环经济专业化服务公司，推行特许经营制度。健全有利于资源循环利用的回收体系，完善废旧商品回收网络，提高回收企业的组织化和规模化程度，建设分拣技术先进、环保处理设施完备、劳动保护措施健全的废旧商品回收分拣体系。

五、北京市海淀区服务业创新发展经验

（一）改革研发服务组织方式，服务国家创新驱动发展

聚焦产业链和创新链高端环节，探索研发服务组织模式改革，科学谋划产业前沿布局，强化提升产业组织能力，持续优化创新创业生态圈。

一是支持新型研发机构建设。面向世界科技前沿、面向国家重大需求、面向经济主战场，深化科技体制改革，打破传统科研机构的体制机制和管理方

式，采取与国际接轨的治理模式和市场化运作机制，推动成立北京量子信息科学研究院、全球健康药物研发中心、北京协同创新研究院等一批新型研发机构。北京量子信息科学研究院瞄准国家战略需求，面向世界量子物理与量子信息前沿技术，整合清华大学、中国科学院等多家顶尖科研机构资源，探索形成有利于原始创新和成果转化的体制机制。北京协同创新研究院围绕高精尖产业应用需求，采取独特的"研究所—协同创新中心—基金三元耦合"机制，构建产学研协同创新体系，推动知识、技术、产品和产业深度融合。北京智源人工智能研究院设立人工智能科学家创业基金，聚焦人工智能芯片、核心算法、操作系统等"卡脖子"领域开展攻关。

二是实施创新合伙人计划。为最大限度地挖潜区域科技创新资源，更好地服务于创新创业 3.0 生态建设，让更多创新要素根植海淀，海淀区启动实施"创新合伙人计划"，探索政府与企业、创新平台、孵化机构等建立合伙人机制，培养一批具有高度黏性、扎根中关村科学城创新创业的创新合伙人，全方位跟踪服务优质在孵企业。2018 年 12 月举办了首批创新合伙人代表颁牌仪式，有 40 家企业和机构代表入选，涉及信息科技、人工智能、科技金融等多个领域，涵盖科学家、教授、企业家、创业者和投资人等多元角色。创新合伙人模式下的新型伙伴关系，激发多个主体最大限度释放潜能，共同推动区域创新发展。

三是发布全国首个概念验证支持计划。2018 年 10 月，海淀区发布了概念验证支持计划，首批支持高校院所设立概念验证中心共 5 家，每年征集支持 20 个项目，邀请科学家、企业家、投资家等组建概念验证项目专家顾问团队为入选项目提供辅导。该计划将服务延伸到概念验证阶段，有效弥补科研机构研发与成果市场化、产业化之间的空白，助力创新主体跨越科技成果转化的"死亡之谷"。将通过概念验证并落地转化的项目纳入区孵化培育体系，在投资、落地空间和人才落户、公租房等方面提供综合支持。

（二）深化服务业和制造业融合发展，助力全国制造业转型升级

围绕推动制造业高质量发展的目标，强化工业基础和技术创新能力，打造

工业互联网平台，拓展"智能+"，促进先进制造业和现代服务业融合发展，为制造业转型升级赋能。

一是支持企业拓展服务型制造业务。探索面向全国的个性化定制、网络化协同制造和服务型制造新模式，支持制造业柔性化、智能化发展。4家企业入选工业和信息化部2018年工业互联网试点示范项目，9家企业入选工业和信息化部2018年物联网集成创新与融合应用项目。例如，小米通讯技术有限公司在服务型制造领域，开拓了生态链孵化、MIUI系统增值服务、人工智能服务、互联网金融等服务产品及内容，入选全国首批30家服务型制造示范企业；首都航天机械有限公司的航天产品全生命周期管理平台入选首批60个服务型制造示范项目；航天智造科技发展有限公司的INDICS平台是全国首个工业互联网平台，入选国家级产业联盟官方指定平台。

二是推动服务业与先进制造业融合平台建设。加快推动北京数码大方科技股份有限公司智能制造及协同制造云平台、国家数字化设计与制造创新中心北京中心、国家智能制造系统创新研究院等一批服务业与制造业融合型平台建设，打造制造业创新公共服务平台，促进技术创新与产业升级。例如，北京数码大方科技股份有限公司智能制造及协同制造云平台以工业大数据为基础，将企业设计和制造能力聚合到互联网，打造面向全国的工业云服务网络，已在国内开展15个工业云、9个行业云项目，入驻企业达12万家，获得工业和信息化部2017年制造业与互联网融合发展试点示范项目。为破解我国工业设计水平不高、新兴产业核心技术获取难等现实问题，支持中关村智造大街整合人工智能、智能硬件等领域的产业链资源、专家资源，打造全国首个覆盖产业链条的创新型生态链社区，搭建独具特色的"北斗七星"全链条智能制造服务平台，完善全生命周期一站式的"北斗七星"服务生态，将原创新硬科技产品样机生产周期从15～30天缩短至3～5天，累计提供科技服务5000家次，帮助创业者实现"从0到1"（原始性创新突破）的过程。

三是完善两化融合支持政策。海淀区发布支持智能制造和绿色制造专项政策，支持数字化车间、智能工厂的建设和升级改造，支持智能制造支撑工业软件开发与应用，支持工业大数据分析与应用，支持网络化制造资源协同平台建设。2018 年对 14 个项目给予 2500 万元资金支持。

（三）探索全球化前沿科技资源配置模式

支持企业联合境外企业、知名大学和研究机构开展联合研发，推动北京协同创新研究院联合国际顶尖科学家打造柔性电子、先进制造等 5 个国际协同创新实验室，探索推动产业柔性化、数字化、国际协同化的新路径。联合美国波士顿科学公司和北京天智航医疗科技股份有限公司分别设立国际医疗器械创新中心、国际医用机器人创新中心，推动国际先进医疗器械产品研发与合作。建立了中关村并购资本中心，支持滴滴出行科技有限公司、北京字节跳动科技有限公司、北京三快在线科技有限公司等企业在北美洲、亚洲重点国家进行海外并购，2018 年 1—10 月共完成海外并购 6 起，涉及金额 141.8 亿元，占北京市的 37.5%。推动海外创新驿站建设，提供境外投资市场咨询、政策辅导、运营管理等专业服务。

（四）推动新场景、新模式应用，引领新经济、新业态创新发展

依托科技创新优势，加快平台经济、分享经济等新模式发展，推动 5G、大数据、人工智能等新技术在交通、治安、社区等城市治理和民生领域创新应用，首批推出 17 个重点典型应用场景，为新业态、新经济创造新的市场空间。

一是推动平台经济、分享经济等新模式发展。积极支持和搭建"互联网＋"跨界融合平台，促进基于"互联网＋"的平台经济、分享经济等新业态、新模式发展，培育成长起北京字节跳动科技有限公司、北京五八信息技术有限公司、国美在线电子商务有限公司、北京融世纪信息技术有限公司等一批代表企业。生活服务领域，58 同城是我国最大的互联网生活服务平台，借助移动客户端、云计算、大数据等技术手段，实现用户、商品、时间、地点、支付等要素同时组合，促进碎片化社会资源供给与巨大生活服务需求的紧密对接，目前月独立访问量超 4 亿次，月信息发布量超 2 亿条；北京同于道科技有限公司的"丁丁停车"App 提供车位锁手机遥控升降、闲时车位即时搜索、出租和租

用等服务，通过共享闲置车位缓解城市停车难问题。交通出行领域，推动建设北京市首个自动驾驶封闭测试场——国家智能汽车与智慧交通（京冀）示范区海淀基地，已为百度在线网络技术（北京）有限公司、上海蔚来汽车有限公司、北京新能源汽车股份有限公司等 30 余家厂商提供日常训练及评估测试服务，服务时长超过 4000 小时，有 11 家企业的 65 辆自动驾驶车辆通过能力评估，获取北京市自动驾驶道路测试牌照。以滴滴出行科技有限公司等为代表的独角兽企业不断壮大，"滴滴出行" App 已从出租车打车软件发展成多业务的一站式移动出行平台，在亚洲、拉丁美洲和澳大利亚为 5.5 亿用户提供出行和运输服务。

二是支持重大活动保障场景应用。超高清视频（北京）制作技术协同中心构建了完善的 5G+8K 超高清视频应用场景。通过整合技术、资金、人才等多方资源，创新产业组织模式，打造开放式试验验证平台，建设了全球首台 5G+8K 转播实验车，形成超高清视频前端设备及内容产业生态，为 2019 年中国北京世界园艺博览会、重大国事活动等提供 8K 转播试验和技术验证服务。

三是推动"城市大脑"建设。充分整合政府各类信息资源，完成"城市大脑"框架设计，以城市大数据为核心资源，率先在城市管理、环境保护、公共安全等领域应用，破解部门之间信息不畅通、不共享等问题。推动城市安全运行物联网的首个试点在中关村西区上线，520 个传感设备上线运行，引入人脸识别系统等新技术治理停车、行人过马路等交通问题，增设智能灯杆、传感器等智慧城市家具，打造中关村西区智慧交通体系。

四是加快民生领域场景化应用。打造智慧社区、智慧医疗、智能配送等民生领域的新技术应用场景。北京市海淀医院建设临床研究中心和人工智能医学影像分析平台，应用智能语音、手术机器人等技术辅助诊疗，探索人工智能在健康管理和医疗服务中的应用。整合末端物流资源，推动共同配送、智能收发系统、配送机器人等科技手段应用，在中关村西区、上地软件园、东升科技园等率先试点京东无人配送，可节省约 30% 的物流成本。海淀公园进行人工智能改造，建成全球首个人工智能科技主题公园，建有智能步道、小度智能语音亭、智慧灯杆、未来空间等智能设施，百度公司阿波龙（Apolong）L4 级别的自动驾驶巴士落地运营。

（五）聚焦"双创"全生命周期，促进科技与金融融合发展

以金融与创新创业融合发展为主线，不断健全创新基金体系，初步形成了覆盖基础研究、应用研究、成果转化、产业并购等在内的全链条、全生命周期的海淀金融服务体系。

一是构建海淀创新基金系。以科技创新、金融创新为主线，推进资金支持方式改革，加大股权投资力度，推动形成 600 亿元规模的海淀创新基金系，加强原始创新基金、天使投资基金、成果转化基金等建设。联合北京大学、清华大学、北京协同创新研究院等，共同设立了北京大学·海淀重大科技成果孵育基金、清华大学荷塘探索基金、协同创新母基金等科技成果转化引导基金，引导科研院所优质科技创新和创业项目在中关村转移转化；依托北京市海淀区国有资产投资经营有限公司、北京中关村大河资本投资管理中心及区内上市公司设立了中关村并购母基金，助力企业投资并购，完成加速成长的"最后一公里"；推动设立了丝路科创基金、海淀金融科技成长基金等重点领域发展基金，定向服务重点产业、重点领域的前沿创新和发展。截至 2019 年年底，海淀区创业投资引导基金总规模达到 258.8 亿元，相比海淀区政府出资额 6 亿元，放大 43.13 倍，引导基金共对外投资 971 个项目，投资总额达到 209.89 亿元。

二是开展"胚芽企业"培育计划。海淀区积极探索服务方式从单纯的资金补贴向成长陪伴式服务转型，实施"胚芽企业"培育计划，对入选的初创企业提供低成本办公空间、房租补贴、选址服务、投融资和优先推荐申请政府股权投资基金等服务，帮助初创企业跨越创新"死亡之谷"。处于"天使轮""种子轮"阶段的初创期科技型企业，满足一定的条件即可申报"胚芽企业"培育计划。截至 2019 年 12 月，海淀区已发布 2 批共 402 家"胚芽企业"名单。同时，海淀区联合北京银行中关村分行为入选企业提供创新贷、创业贷、专属结算通道和个人服务等特色金融服务。

三是首创"地方政府＋监管部门＋银行＋企业"的北京续贷受理模式。依托中国银行保险监督管理委员会北京监管局的专业监管优势，整合 15 家银行、

1 家担保公司在海淀区成立全国首个企业续贷中心，实现"一址通办""两点压缩""三条绿色通道""四大服务功能"。续贷中心的成立，一方面降低了企业"过桥""倒贷"成本，提升了贷款效率，缓解了企业资金压力；另一方面降低信贷工作人员道德风险发生率，既有效把控了风险因子，又实现了银行信贷业务的有序发展。

（六）加强国际人才服务创新，打造高端服务业人才集聚地

持续深化中关村人才特区政策，大力推进中关村科学城国际人才社区建设，探索国际人才出入境、永久居留、生活配套等服务创新，营造类海外的工作生活环境。

一是深化中关村人才特区建设。每年安排 2 亿元专项资金，聚焦科学家、企业家、投资家、科技经纪人、科技战略专家、法律财务专家等重点群体，培养一批具有高度黏性、扎根中关村科学城的创新创业人才。分领域绘制全球顶尖人才图谱，研究制定国际人才认定和支持办法，加大对海外顶尖人才、创新团队的引进力度。支持设立北京智源人工智能研究院、中关村海华信息技术前沿研究院、仿生界面科学国际创新中心等新型研发机构，柔性引进海外顶尖及领军人才。

二是落实国际人才新政 20 条。探索深化中关村人才管理改革，严格落实国际人才新政 20 条，实现外籍人才"进得来""留得下""干得好""融得进"等目标。设立引才服务"绿色通道"，对高、精、尖、缺的外国高端人才办理最长期限为 5 年的工作许可，对学位认证、无犯罪证明等非核心要件采取容缺受理，对境外体检等实行承诺制服务。外国 A 类高端人才申请周期由 20 个工作日缩短至 10 个工作日，B 类专业人才及 C 类其他外国人员申请周期由 30 个工作日缩短至 19 个工作日。自开辟"绿色通道"以来，累计受理外国人来华业务 9910 次，办理外国人来华工作许可证 5842 件。

三是加快国际人才社区建设。以中关村大街—成府路·知春路—学院路沿线 "H" 形区域为核心，加快中关村科学城国际人才社区建设，推动中关村科学城国际人才港、中关村科学城海外院士创新中心等项目落地。在中关村创业

大街全球创新社区，试点中关村国际青年创业平台，吸引国际青年聚集海淀创新创业。举办中关村论坛平行论坛、中关村国际创新集市、国际青年人才（海淀）创新论坛，依托驻区高校组织国际文化节、城事设计节、留学生走进海淀、来华留学生招聘会等活动。全方位提供高品质、国际化的教育、医疗、居住、文化休闲等配套服务，打造一站式综合服务平台，营造类海外工作生活环境，加快国际高端要素集聚。

（七）强化知识产权运营管理，加速科技成果产业化落地

在知识产权服务平台建设、服务机构集聚、融资服务创新等方面，持续完善支撑创新发展的知识产权服务体系，打造国家级知识产权示范城区。

一是加快知识产权公共服务平台建设。推动北京知识产权保护中心、中关村知识产权保护中心等2个国家级知识产权服务平台落户。支持北京（中关村）国际知识产权服务大厅、全国首家知识产权展业审批机构、北京知识产权法院等服务平台建设。目前国际知识产权服务大厅已集聚了53家国内外知识产权服务机构，提供国际知识产权申请、检索、诉讼、维权援助等全链条服务。率先成立全国首支知识产权运营基金，为10家知识产权托管服务示范基地授牌，与北京市知识产权局联合设立了20个专利运营办公室，探索了知识产权基金、知识产权托管服务等新模式。截至2018年年底，已搭建8个知识产权海外维权援助站点，为"走出去"的企业提供海外知识产权布局、应诉和维权援助服务。

二是引导知识产权服务机构集聚发展。实施促进知识产权服务业发展专项，吸引知名知识产权代理、资产评估、知识产权交易及资本运营机构入驻，积极培育知识产权运营、评议、法务等新型服务机构。截至2018年年底，已培育全国知识产权服务品牌机构22家、市级知识产权服务品牌机构22家，市级优秀专利代理机构13家，7家服务机构跻身全球PCT专利申请代理总量前20名。继续扩大中关村知识产权集聚区的品牌影响力，推动设立了中国首家知识产权服务业联盟，依托中关村知识产权大厦、国际技术转移中心、致真大厦等集聚了700余家知识产权服务机构。

三是推出国内首个纯知识产权质押融资产品——智融宝。由于知识产权评估难、处置难、变现难等问题，很多中小规模科技企业仅以知识产权质押很难获得贷款，海淀区依托北京知识产权运营管理有限公司，率先推出国内首个纯知识产权质押贷款创新产品——智融宝，探索出知识产权质押融资保险的中关村模式，设立了首期规模 4000 万元的风险处置资金池，作为前置风险补偿机制，形成了"知识产权运营＋投贷联动"的全方位金融创新服务模式。智融宝推出以来，共向 110 多家小微科技企业提供纯知识产权质押贷款服务，授信 4.98 亿元，平均单笔授信 436 万元，突破了现有知识产权质押融资业务模式的瓶颈，为中小科技企业解决融资难题提供了新方案。

六、中国服务业创新发展经验启示

（一）推动服务业高端化发展，提高行业整体发展质量

随着"刘易斯拐点"的到来，不少国内外企业开始寻找新的"成本洼地"，资源密集型、劳动密集型产业的传统路径已不再适合高质量发展阶段的需求。在后危机时代，任何产业和城市想要持续健康发展，都必须进入内生增长的高端化、国际化发展轨道，必须从全局、长远的视角，统筹考虑传统产业和高新技术产业之间、制造业和生产性服务业及各类产业之间的联系，其本质就是提升产业在价值链中的地位与层次，增加产业的附加值，占据产业链的核心部位，最终提升产业整体的国际竞争力。经过 30 多年的持续增长，我国经济的结构性矛盾日益凸显，经济增长乏力、环境污染严重，已经成为制约我国社会经济进一步推进的重要障碍。因此，推动经济增长方式的转变、实现产业结构优化升级已经成为当前的紧迫任务。而大力发展高端服务业又是一个重要的突破口。中国地域广阔，地区发展和资源禀赋差异显著，决定了我们要结合本地实际，选择最有利于发挥本地特色与优势的高端服务领域，重点扶持，大力发展，以此带动本地产业结构优化升级，促进当地社会经济协调可持续发展。

（二）强化服务业创新发展，提升服务业核心竞争力

党的十九大报告提出："创新是引领发展的第一动力，是建设现代化经济体系的战略支撑。"党的十九届五中全会提出"坚持创新在我国现代化建设全局中的核心地位""加快发展现代产业体系，推动经济体系优化升级"。正是基于这样的科学认识，服务业创新发展要高站位、宽视野谋划，通过改革创新，先行先试。当前，我国服务业高质量发展目标已经明确，但创新主动性还不够，体制机制建设还不完善，良好的创新文化和创新环境还没有形成，要充分调动政府、科研院校、企业等各方面的创新积极性，持续加大服务业研发投入，推广应用新一代信息技术、人工智能技术，改造提升传统服务业，深化细化服务业分工，调整优化服务业结构，大力培育新兴服务业和高技术服务业，发展新业态，提供新产品，激发新需求，加快形成统一开放、公平竞争、创新激励的市场环境。

（三）鼓励服务业集聚发展，提高单位空间产业能级

城因人而聚，市因业而兴。产业集聚强调"集聚度"，既能够带动土地、资金、科技、人才等要素的加速集聚，又能够形成整个产业链的集成耦合；也强调"辐射面"，能够与周边城市、各类经济功能区形成有机分工与合作；更强调"带动力"，能够辐射带动更大区域的发展。加快现代服务业集聚发展，是优化产业结构、建设现代化经济体系的必然选择。现代服务业集聚区和现代服务业项目互为融合、互相促进，正是实现新一轮产业转型发展的关键。

（四）深化服务业融合发展，推动服务业智能化发展

数字经济已成为世界公认的新经济、新业态、新动能、新引擎。在数字经济时代，数字技术与服务业的融合渗透加快了服务业的快速成长和数字产业的蓬勃发展。大数据、云计算等底层技术的日益成熟，推动了数字技术在服务业领域的广泛应用。区块链、人工智能的出现几乎从根本上改变了金融、物流等服务业的传统模式，在给顾客带去更好、更新奇服务体验的同时，也大大促进

了资源配置效率。随着供给侧结构性改革的全面深入推进，服务业的数字化、网络化和智能化，正在成为不可阻挡的历史趋势。承载着转变经济发展方式、调整产业结构、建设现代产业体系职能的服务业，其数字化进程至关重要。具体来说，要在加强信息通信服务业发展的基础上，大力推动数字中国建设，重点加快数字技术与金融、科技服务、设计创意、现代物流等行业的融合发展，以重要行业的数字化引领带动整个服务业的数字化与智慧化进程。

（五）加快服务业开放发展，积极融入世界产业链条

不谋全局者，不足以谋一域。通盘考虑，才能把握主动。要在新时代的发展中抢占先机，必须突破传统思维定式和狭隘眼界，综合研判国内外城市、产业、政策的前沿动态，立足全国、走向世界，做到跳出区域看区域，开放性、多视角、全方位看待产业升级和区域发展，从而把握时代脉搏，对接各方需求，不断提出新思路、新举措、新办法，打造集聚资源的洼地，形成产业发展的高地，确保转型升级的正确方向。

第九章

推进服务业创新发展的对策与建议

一、加强对服务业创新发展的统筹协调和规划引导

一是加大对服务业创新发展的资源投入和规划布局。政府要改变过去只重视制造业领域研发投入的观念，提高对服务业创新发展重要性的认识，国家科技计划、国家重大工程要加大向服务业领域的投入力度，支持服务业各个细分行业围绕关键共性技术建立一批创新基地和科研条件平台。政府重大投资项目要将制造业、服务业统一考虑进来，在重大项目设计时要将农业、制造业、服务业的工作机制、规划、配套设施、共性技术平台等进行一体化设计，各地在规划支撑经济发展的项目时要增加对服务业的配套，统筹服务业内部细分行业与制造业、农业的融合发展。建立健全服务业创新发展统计体系和监督考核体系，重点监督考核发展目标和政策落实情况、服务业与制造业和农业融合情况、对经济转型与创新发展的促进成效。同时，要建立健全服务业跨区域、跨行业、跨部门的协调联动工作机制，促进服务业创新资源整合，深化分工合作，在更大范围、更广领域、更高层次上实现资源优化配置。

二是引导服务业企业从注重商业模式创新转向注重技术创新转变。在国家层面，重视服务业企业应用研发类、技术创新引导类科技计划，通过科技计划项目引导企业加强技术应用；建立差异化服务业创新发展评价体系，如允许

利用互联网技术实现转型的批发零售、餐饮等传统行业参与评选创新型企业或高新技术企业，引导更多的民营企业加大技术研发与应用。加强虚拟现实（VR）、增强现实（AR）等新一代技术与业态、产品和服务的融合，为消费者提供更高质量的服务，推动服务业创新发展。同时，要充分发挥服务业政府资金的引导作用，引导企业加大研发投入，支持金融机构积极发展投贷联动、投保联动、投债联动等新模式，形成以政府资金为引导、社会资本为主体、多元化投资并存的现代服务业投资格局。加大服务业企业技术创新中心建设的投入与支持力度，建立健全从实验研究、中试到生产的全过程、多元化和差异性的创新融资模式，引导服务业企业加大技术创新投入。

二、加大服务业创新重大基础技术的投入

在国家层面，应加大服务业领域基础技术的投入，国家财政预算安排资金重点支持服务业共性关键技术领域、薄弱环节发展和提高自主创新能力，加强对服务业创新发展共性技术的基础条件与实验设施的投入，包括互联网基础设施、科研仪器设备、检验检测设施、工程技术研究中心、企业技术创新中心建设等。

加强服务业创新发展技术基础能力建设引导。聚焦物流、软件信息、互联网金融、教育等对国民经济发展有重要支撑意义的服务业行业领域，加强物流互联网金融风险防范技术、金融科技中区块链技术、检验检测、工业设计等基础行业的共性支撑技术的研发与应用，推动服务业标准、计量、认证认可、检验检测资源深度融合。完善国家服务质量基础设施，探索开展质量技术基础"一站式"服务工程，加强标准、计量、专利等体系和能力建设，深入开展服务业质量提升行动。积极培育以技术、标准、品牌、质量、服务为核心的经济发展新优势，引导构建服务业技术基础支撑体系，推动国家服务业技术基础总体供给水平的提升。

三、加强服务业创新发展公共服务平台建设

依托国家和省级高新技术产业开发区、经济技术开发区及服务业集聚区，完善物联网、云计算及大数据平台等基础设施建设，面向第三方物流、信息技术、文化创意、健康养老、互联网金融、区块链、节能环保等重点领域，联合产业链上下游的企业、高校、科研院所、行业协会和各级政府，共建一批服务业创新发展公共技术服务平台，包括科研信息平台、科研仪器设备共建共享平台、检验检测平台、成果转移转化平台与技术交流平台、数据信息资源开放平台、创新人才库等。通过搭建平台集聚资源要素，强化组合优势，规范服务标准，深化分工合作，探索开放创新，聚焦解决服务业创新发展中遇到的共性技术瓶颈，为服务业发展提供有效支撑。加快引进和培育平台型服务机构，整合相关服务资源，实现综合服务供需精准匹配，提升原有公共服务平台资源整合和创新服务能力。

四、强化服务业集聚区自主创新能力建设

引导各地根据实际情况，结合交通、城市建设、环境等因素，科学合理布局服务业集聚区，完善配套服务功能，提升创新资源集聚能力和创新服务水平。加强各地服务业功能区和高科技园区的合作，培育建设一批产业导向明确、分工协作紧密、综合效益明显的高技术服务业合作园区，促进区域内现代物流基地、区域金融发展中心、科技服务中心、创新创业孵化器等与制造业基地和园区等的协作配套与融合发展。创新服务业集聚区运营管理模式，进一步突出市场主体在集聚区投资、建设、运营、管理中的作用，更好地发挥政府规划引导、政策扶持等宏观调控作用。支持集聚区通过服务外包等方式完善园区服务体系，提升园区运营管理水平。

五、完善服务业社会中介组织体系

在国家层面，应着力培育一批服务业行业中介组织，政府逐渐转变职能，科学合理界定政府与行业协会、商会等中介组织的职能，逐步将应该由行业协会和商会行使的经济管理职能和社会职能转移给行业协会和商会，依托行业协会与产业联盟推动服务业创新知识扩散、服务业贯标等，充分发挥协会、商会等中介组织在推动行业技术进步中的作用。完善中介市场准入制度，打破所有制和行政区域局限，根据产业发展需要，引导同一领域、服务高度重合、同质竞争激烈的中介组织，在自愿的基础上，加快联合重组步伐，培育打造中介组织品牌，组建区域性行业协会。促进服务业各行业协会及合作组织的建设，充分发挥行业协会、组织联盟的行业带头作用，集合各行业企业的意见，制定行业规章制度，维护行业经营秩序，形成统一的市场竞争意识，进一步创建有利于其创新发展的制度保障。

六、布局一批区域现代服务业创新中心

以区域为维度，联合企业、高校、科研院所建设一批国家服务业技术创新中心；依托中心城市形成一批具有强大带动力的区域服务业创新中心，成为区域和城市重要的战略创新力量。国家项目计划引导对创新中心基础设施、公共平台建设给予倾斜，重点围绕若干细分行业通过搭建平台技术进行创新整体布局，实现集成创新。结合科研基地布局优化，在科研资源密集地区，大力发展创新设计、研发服务，建设科创服务中心。依托重大信息基础设施建设，建设信息服务中心，增强信息服务功能。选择有条件的区域中心城市，发展多层次资本市场，规范发展区域性股权市场，建设金融服务中心。依托产业集聚规模大、专业人才集中的地区，加快发展咨询评估、财务管理、检验检测等服务，建设商务服务中心。例如，东北部地区工业基础良好，国家应在东北部地区布局建立一批具有国际化水平和国家导向的工业设计平台、检验检测中心，整合

工业设计和检验检测领域各方创新资源，促进协同创新，开展工业设计等领域关键核心技术研发与应用。

七、加大对服务业人才引进及培养力度

一是着力汇聚服务业高层次人才。围绕现代服务业发展的重大需求，面向金融、设计、技术转移等领域，在"千人计划"、"万人计划"、创新人才推进计划等重大人才计划中增加服务行业急需的科技人才的比重，引进国际高层次科技创新和管理人才。进一步建设和完善现代服务业科技专家库，为地方和园区现代服务业战略咨询和人才培训等提供支撑。鼓励开展国际高水平人才交流活动，加大国际人才吸引力度，通过完善外国人永久居留制度、为国际人才子女提供配套国际化教育学校就读机会等，为海外人才来华工作、出入境和居留创造更加宽松便利的条件，营造具有国际竞争力的人才吸引环境。建设院士工作站、博士后工作站等机构，促进高层次创新人才在区域间的交流互动，为服务业创新发展提供强力引擎。

二是加快服务业专业技术人才培养。健全以企业为主体的多层次人才培养机制，深化产教融合、校企合作、工学结合的人才培养模式，支持高等院校、职业学校和科研院所与有条件的企业合作建设人才培养和实训基地，采取"订单式"、委托代培等方式开展技能人才培养，构建基地化、实训化的人才培育体系。一方面鼓励企业选派技术人员到高等院校、科研院所学习或加大对技术人员的职业技能培训，提高技术人员知识更新程度。另一方面鼓励高等院校、科研院所研究人员进驻企业，进行技术创新实践；也可以由高等院校与企业合作建立大学生实训基地，为企业创新提供人才支持；或者搭建线上线下服务业创业交流和对接平台，大力发展互联网远程教育和培训，加大现代服务业从业人员技能培训。

三是营造有利于服务业创新创业人才发展的良好环境。在创新型人才引进方面，以产业需求为目标实施"产业引才"，构建"人才发展促进会＋人才联盟"的人才引育渠道。采取多种奖励和补助措施，实行差异化、定制化人才引进措施，如人才住房、安家补助、科研资金支持、配偶就业安排等措施，鼓励吸引高素质创新人才。探索设立服务业人才创新创业专项资金，对表现突出的创新创业团队每年择优给予资金支持。对携带发明专利或科研成果就业或创业的创新人才，给予特殊奖励及其他创业资金或政策的支持。对回乡创业的大学生，要对其进行引导，引荐合适的项目，提高创业成功率。搭建集咨询、受理、办理于一体的一站式人才综合管理服务平台，在最短时间提供全过程服务，加强人才归属感。

四是完善服务业创新发展人才评价及激励政策。建立健全以创新能力、服务质量和综合贡献为导向的服务业人才评价体系，形成并实施有利于服务业人才潜心研究和创新的评价制度。探索实行"以聘代评"，通过完善考核制度打破职称终身制。建立职称制度与职业资格制度的有效衔接机制，允许具有较强的科研实力、拥有较大规模和合理梯次结构的技术人才队伍的大型企业和行业龙头企业，申请开展职称自主评审。国家科技计划对服务业人才申报项目予以支持，每年评选一批服务业创新创业成效突出人才予以表彰，总结宣传一批服务业创新创业经验。

主要参考文献

［1］代文. 现代服务业集群的形成和发展研究［D］. 武汉：武汉理工大学，2017.

［2］蔺雷，吴贵生. 我国制造企业服务增强差异化机制的实证研究［J］. 管理世界，2007（6）：103-113.

［3］Evangelista R. Sectoral patterns of technological change in services［J］. Economics of Innovation and New Technology，2000（9）：183-221.

［4］戴延寿. 论企业服务创新与核心竞争力［J］. 漳州师范学院学报，2003（1）：18-21.

［5］李佩. 现代服务业创新的影响因素研究：以江苏省为例［D］. 南京：南京财经大学，2012.

［6］Hauknes J. Service in Innovation—Innovation in Service［R］. Oslo：STEP Group，1998.

［7］Tether B. Do services innovate differently? Insights from the European in barometer survey［J］. Industry and Innovation，2005，12（2）：153-184.

［8］Hipp C，Grupp H. Innovation in the service sector：the demand for service-specific innovation measurement concepts and typologies［J］. Research Policy，2005（34）：517-535.

［9］赵振民. 基于组织边界跨越的服务创新［J］. 集团经济研究，2005（16）：116.

［10］Pavitt K. Sectoral Patterns of Technological Change：towards a taxonomy and a Theory［J］. Research Policy，1984，113：343-373.

［11］Barras R. Towards a theory of innovation in services［J］. Research Policy，1986，15：161-173.

［12］Gadrey J，Gallouj F，Weinstein O. New modes of innovation：how services benefit industry［J］. International Journal of Service Industry Management，1995，6（3）：4-16.

［13］Gallouj F，Weinstein O. Innovation in services［J］. Research Policy，1997，26（4/5）：537–556.

［14］蔺雷，吴贵生. 服务创新的四维度模型［J］. 数量经济技术经济研究，2004（3）：32–37.

［15］刘顺忠. 知识密集型服务业在创新系统中作用机理研究［J］. 管理评论，2004（3）：58–61.

［16］姜红，曾锵. 服务创新模式研究现状与展望［J］. 浙江树人大学学报，2005（2）：52–55.

［17］李春成. 区域服务业创新的影响因素、创新能力与创新方式研究［D］. 天津：天津大学，2008.

［18］徐力行，高伟凯. 生产性服务业与制造业的协同创新［J］. 现代经济探讨，2008（12）：53–56.

［19］杨广，李江帆. 服务创新内涵，特征与模式［J］. 现代管理科学，2009（6）：51–53.

［20］吕君杰. 工业服务业的内涵及服务创新体系研究［J］. 华东经济管理，2010（12）：60–62.

［21］Sundbo J，Gallouj F. Innovation as a loosely coupled system in service［C］// Metcalfe J S，Miles I. Innovation Systems in the Service Economy. Economics of Science，Technology and Innovation：vol 18. Boston：Springer，2000：43–68.

［22］Kuusisto J，Meyer M. Insights into services and innovation in the knowledge intensive economy：Technology Review 134［R］. Helsinki：National Technology Agency，2003.

［23］陈春明，薛富宏. 科技服务业发展现状及对策研究［J］. 学习与探索，2014（4）：100–104.

［24］李红. 现代服务业融合创新发展的路径探讨［J］. 统计与决策，2015（24）：72–74.

［25］曾世宏，高亚林. 互联网技术创新驱动服务业转型升级的机理、路径与对策［J］. 湖南科技大学学报（社会科学版），2016，19（5）：123–127.

［26］李雪锋. 服务业创新发展的方向和路径［J］. 城市，2016（9）：3–7.

［27］刘奕. 我国服务业高质量发展的战略思考［J］. 中国发展观察，2018（15）：18–21.

［28］迟福林. 走向服务业大国——2020：中国经济转型升级大趋势［J］. 经济体制改革，2015（1）：30–33.

［29］中国网络空间研究院. 世界互联网发展报告2020［M］. 北京：电子工业出版社，2020.

［30］张根名，李琳．孵化器、风险投资与创业绩效关系的实证研究［J］．科技进步与对策，2010（17）：94–98．

［31］侯润秀，官建成．外商直接投资对我国区域创新能力的影响［J］．中国软科学，2006（5）：104–111．

［32］方远平，杨伟铭．宏观经济波动与服务业结构变动的相关分析［J］．产经评论，2013（4）：5–13．

［33］夏杰长，丰晓旭，姚战琪．知识密集型服务业集聚对中国区域创新的影响［J］．社会科学战线，2020（3）：60–69．

［34］江静．制度、营商环境与服务业发展：来自世界银行《全球营商环境报告》的证据［J］．学海，2017（1）：176–183．

［35］彭颢舒，叶小梁．知识密集型服务业创新要素模型研究［J］．现代情报，2006（10）：8–11．

［36］陈劲．知识密集型服务业创新的评价指标体系［J］．学术月刊，2008（4）：66–68．

［37］张华平．基于BP神经网络的现代服务业创新能力评价研究［J］．中国商贸，2009（14）：14–16．

［38］李艳华，柳卸林，刘建兵．现代服务业创新能力评价指标体系的构建及应用［J］．技术经济，2009，28（2）：1–6．

［39］周德发，张翊．服务业创新能力评价：基于广东数据的经验分析［J］．经济问题，2012（1）：39–42．

［40］刘丹鹭．服务业国际化条件下的创新与生产率：基于中国生产性服务企业数据的研究［J］．南京大学学报（哲学·人文科学·社会科学版），2013（6）：40–51．

［41］魏江，黄学．高技术服务业创新能力评价指标体系研究［J］．科研管理，2015（12）：9–18．

［42］倪琳，邓宏兵，姚婷婷．湖北省现代服务业投资环境竞争力评价及对策研究［J］．科技管理研究，2015（20）：56–61．

［43］毕斗斗，方远平，谢蔓，等．我国省域服务业创新水平的时空演变及其动力机制：基于空间计量模型的实证研究［J］．经济地理，2015（10）：139–148．

［44］黄海滨，周瑶，陈之瑶，等．高新技术企业创新发展指数研究［J］．现代商贸工业，2017（28）：1–3．

［45］潘莉．服务业高质量发展指数研究与实证分析［J］．统计科学与实践，2019（3）：35–39．

［46］欧阳建平，曹志平. 技术创新定义综述及定义方法［J］. 中南工业大学学报（社会科学版），2001（4）：349-351.

［47］舒伯阳. 基于盈利成长的服务创新体系研究［D］. 武汉：华中农业大学，2005：232.

［48］周智涛. 当生产不再重要时服务创新将决胜未来［J］. 软件工程师，2005（11）：10-16.

［49］Berry L L, Shankar V, Parish J T, et al. Creating new markets through service innovation［J］. MIT Sloan Management Review, 2006, 47（2）：56-63.

［50］王琳，魏江，胡胜蓉. 服务创新分类研究［J］. 技术经济，2009，28（2）：7-12.

［51］Sundbo J, Gallouj F. Innovation in services：SMS project synthesis［J］. Work Package, 1998（3/4）：8.

［52］王光辉，王海燕，刘兵. 加快我国服务业创新的思考［J］. 科技创新与生产力，2011（11）：31-34.

［53］de Vries E J. Innovation in services in networks of organizations and in the distribution of services［J］. Research Policy, 2006, 35（7）：103-105.

［54］Rubalcaba L, Gago D, Gallego J. On the differences between goods and services innovation［J］. Journal of Innovation Economics, 2010, 1：17-40.

［55］Miles I. Services in the new industrial economy［J］. Futures, 1993, 25（6）：653-672.

［56］Teirlinck P, Spithoven A. Formal R&D management and strategic decision making in small firms in knowledge-intensive business services［J］. R&D Management, 2013, 43（1）：37-52.

［57］Kallio K, Lappalainen I. Organizational learning in an innovation network：Enhancing the agency of public service organizations［J］. Journal of Service Theory and Practice, 2015, 25（2）：140-161.

［58］李平. 组织技术的扩散和服务业的技术创新［J］. 理论与现代化，1999（5）：43-44.

［59］周明生，王辉龙. 浅论生产性服务业对产业集群创新的作用机理［J］. 南方经济，2005（10）：68-70.

［60］周健工. 圆桌讨论"大数据时代的服务业创新"［N］. 中国贸易报，2013-12-12.

［61］孙希宝. 服务创新内涵及其研究视角［J］. 经济研究导刊，2011（21）：204-205.

［62］易朝辉，陈朝晖. 创新绩效评价指标体系演变的国际比较及其启示［J］. 科技管理

研究，2014（6）：61-65.

［63］陈旭芳，傅培华，李胜，等. 德国现代服务业与先进制造业融合发展启示［J］. 浙江经济，2019（24）：54-55.

［64］詹宇波. 现代服务业高质量发展的国际经验及启示［J］. 质量与认证，2020（7）：42-43.

［65］谢育玲. 广州现代服务业高质量发展国际经验借鉴［J］. 营销界，2019（39）：3-4.

［66］柏豪. 美国、日本的服务创新及启示［J］. 宏观经济管理，2015（3）：90-92.

［67］张晔. 日本服务创新政策及其启示［J］. 法制与社会，2016（20）：136-137.

［68］苏立君，王俊，杨善奇. 发达国家经济服务业化趋势、发生机制及经济后果：以美国为例［J］. 政治经济学评论，2016（6）：190-210.

［69］李杨，张鹏举，付亦重. 欧盟服务业创新政策新发展及对中国的启示［J］. 科技进步与对策，2015（19）：106-110.

［70］李俊. 美国塑造服务业全球优势及中国的战略选择［J］. 对外经贸实务，2015（9）：4-7.

［71］潘志，李飞. 美国生产性服务业与制造业联动发展经验与启示［J］. 劳动保障世界（理论版），2013（9）：109-110.

［72］英英，高昌林. 欧盟国家服务业创新现状及对中国的政策建议［J］. 中国科技论坛，2011（8）：150-154.

［73］李双杰，孙一曼. 国家创新绩效评价研究［J］. 统计与决策，2019（8）：39-44.

［74］聂红隆，雷红萍，何赵娅. 知识密集型服务业融合创新能力评价指标体系研究［J］. 改革与开放，2020（13）：34-39.